Karl Heinrich Schaible

Die Frau im Altertum

Karl Heinrich Schaible

Die Frau im Altertum

ISBN/EAN: 9783743360587

Hergestellt in Europa, USA, Kanada, Australien, Japan

Cover: Foto ©ninafisch / pixelio.de

Manufactured and distributed by brebook publishing software (www.brebook.com)

Karl Heinrich Schaible

Die Frau im Altertum

Die Frau im Altertum

Ein kulturgeschichtliches Bild.

Zwei populäre Vorträge
gehalten im Deutschen Verein für Kunst und Wissenschaft in London
von

Karl Heinrich Schaible

Philosophiae et Medicinae Doctor; Emeritus Examinator der Universität London;
Emeritus Professor der Royal Military Academy, Woolwich :c.

> „The moral education of mankind has hitherto emanated chiefly from the law of force, and is adapted almost solely to the relations which force creates. . . . The morality of the first ages rested on the obligation to submit to power; that of the ages next following, on the right of the weak to the forbearance and protection of the strong. We have had the morality of submission and the morality of chivalry and generosity; the time is now come for the morality of justice."
> *(John Stuart Mill.)*

Karlsruhe
Druck und Verlag der G. Braun'schen Hofbuchhandlung
1898.

Dem Andenken

von

Louise Otto-Peters

der edlen Führerin auf „neuen Bahnen".

„Doch kühnres Träumen mächtig mich erfaßte,
Der ganzen Menschheit mich dahin zu geben,
Als Opfer sterben oder kämpfend leben,
Daß ich von Not und Druck sie mir entlaste."
(Gedichte von Louise Otto: Rückblicke, IV.)

„Doch wiederum wird einst der Ruf erklingen:
So wie vor Gott sind wir auf Erden gleich!
Die ganze Menschheit wird empor sich ringen
Zu gründen ein erneutes Liebesreich,
Dem Weibe wie dem Mann sein Recht zu bringen,
Zu wahren mit des Friedens Palmenzweig.
In laut'rer Wahrheit stolzem Siegesschalle
Tönt's noch einmal: „Erlösung kam für alle!"
(Louise Otto: „Für Alle".)

Vorwort.

Folgende Schrift ist schon im Jahre 1878 entstanden. Sie bildete in jener Zeit den Stoff zweier Vorlesungen, die ich im Verein für Kunst und Wissenschaft in London, auch deutsches Athenäum genannt, gehalten habe. Nur die Schlußworte sind neuern Datums.

Infolge der Publikation anderer Arbeiten sind mit der Zeit diese Vorlesungen bei mir fast in Vergessenheit geraten. Als ich nach Verlauf von nahezu 20 Jahren diese Arbeit wieder hervornahm und prüfte, zögerte ich erst, sie zu veröffentlichen. Denn ihr Gegenstand war mir in der langen Zeit etwas entfremdet geworden. Sie hat mir aber zur Zeit des Entwurfs keine geringe Mühe bereitet, enthält einen ziemlich reichhaltigen Stoff, bietet ein Kulturbild alter Zeiten in gedrängter Kürze, eine Kürze, die mir gerade nicht leicht war, denn es wäre mir leichter gewesen, viele Bogen zu füllen. Und da mir keine populäre Schrift über denselben Gegenstand bekannt ist, so dachte ich, daß ihr Inhalt für die größere Lesewelt vielleicht nicht ganz ohne Interesse sein dürfte, besonders bei der gegenwärtigen Bewegung zum Zwecke der Hebung der Stellung der Frau im modernen Staate.

Da nun ein 73 Jähriger nicht mehr viel Zeit zum Zögern hat, so entschloß ich mich endlich, meine Arbeit dem Druck zu übergeben, ermutigt durch die gute Aufnahme, die eine ebenfalls die Frauenfrage behandelnde Arbeit von mir gefunden hat, nämlich „Die höhere Frauenbildung in Großbritannien". Eigentlich hätte die vorliegende Schrift, welche die Vergangenheit behandelt, als Einleitung erscheinen sollen in die obengenannte, die die Gegenwart sich zur Aufgabe macht. Die Gegenwart schien mir indes doch wichtiger als die vergangenen Zeiten, da sie die Zukunft vorbereitet.

Diese Arbeit schließt an den Grenzen einer neuen Kulturperiode, an den Anfängen der Entwicklung der modernen Gesellschaft, des Zeitalters geistiger Prüfung und Forschung. Im 4. Jahrhundert, das Grab der alten und die Wiege der neuen Welt, nähert sich die Geschichte der Frau des Altertums ihrem Ende und bereitet den Weg für die im Mittelalter.

Der Zweck meiner in London gehaltenen Vorlesungen war die Belehrung eines größern Kreises von Zuhörern, denen der Gegenstand derselben wenig oder gar nicht bekannt sein dürfte. Dies ist auch der Zweck ihrer gegenwärtigen Veröffentlichung, solche nämlich zu belehren, denen gelehrte Fachwerke, die den Gegenstand wissenschaftlicher und tiefer behandeln, nicht zugänglich sind. Meine Arbeit macht daher keinen Anspruch auf wissenschaftliche, originelle Forschung, die ich Begabteren und Gelehrteren überlasse. Sie ist das Resultat des Studiums fremder, meist französischer und englischer Quellen, die am Schlusse der kleinen Schrift angegeben sind und die mir während meines langjährigen Aufenthaltes in der Fremde leichter zugänglich waren, als deutsche Werke.

So hoffe ich, daß diese kleine, anspruchslose Arbeit, die ich fast 20 Jahre im Pulte verschlossen gehalten, einem deutschen Leserkreis nicht ganz unwillkommen sein möchte.

Offenburg in Baden, im November 1897.

Karl Heinrich Schaible.

Inhalt.

	Seite
Vorwort	V

Einleitung.
Einfluß der verschiedenen Religionen des Altertums auf die Stellung der Frau 1

Erstes Kapitel. Die Frau in Ägypten.
Monogamie. Konkubinat. Legitimität der Kinder. Civilehe. Auflösung derselben. Ehe zwischen nahen Verwandten. Die Frau und die Geschäfte des Lebens 4

Zweites Kapitel. Die Frau in Griechenland.
Die Ehe und die Frau in Sparta. Erziehung der Mädchen in Sparta. Die Frau und die Ehe in Athen. Zweck der Ehe in Griechenland. Cölibat. Ehe zwischen Verwandten. Verlobung. Ehevertrag. Konkubinat. Bastarden. Repudiation und Ehescheidung. Kurtisanen 12

Drittes Kapitel. Die Frau in Rom.
Verschiedene Arten der Ehe. Verbotene, ungiltige und giltige Ehen. Einfluß der verschiedenen Arten der Ehe auf die Stellung der Frau unter der Republik. Civilehe. Aussteuer, Ehescheidung und Repudiation. Stellung der Frau unter den Kaisern. Konkubinat. Kurtisanen. Bastarden. Verfall der Ehe. Sittengesetze 23

Viertes Kapitel. Die Frau in Palästina.
Autorität des Familienhauptes. Polygamie und ihr Einfluß. Ehelosigkeit. Verlobung und Verheiratung. Verschiedene Arten der Verheiratung. Heiratskontrakte. Erlaubte und verbotene Ehen. Gebotene Ehen. Ehen mit Fremden. Repudiation der Frau. Ehetrennung. Ursachen derselben. Arten der Erwerbung einer Gattin. Rechte der Gattin. Mitgift. Besitztum der Frau. Große jüdische Frauen . 42

Fünftes Kapitel. Die Frau in Kleinasien.

Loos der Frau. Ihre Verheiratung. Formalität derselben. Die Frau bei den alten Assyriern und Persern. Eine Königin. Einfluß der assyrischen Sitten auf die Stellung der jüdischen Frau. Die Frau bei den Phöniziern, Lyziern und Xanthiern 62

Sechstes Kapitel. Die Frau in Indien.

Gesetz des Manu. Die Frau dem Manne unterworfen. Scheidungsgründe nach Confucius 67

Siebtes Kapitel. Die Frau im alten Germanien.

Frauenverehrung. Monogamie. Morgengabe und Mitgift. Erbfolge. Das salische Recht. Arten der Ehe. Ihr Einfluß. Anhänglichkeit an den Gatten 70

Achtes Kapitel. Die Frau in Gallien.

Charakteristik der Gallier. Ihre Sitten und Gebräuche. Widersprüche im Volk und in der Familie. Stellung der Frau. Macht des Mannes. Polygamie. Monogamie. Kommunismus der Frau unter den Iren, Gaelen und Kimris im alten Britannien. Verbot der Polygamie. Höhere Stellung der Frau in Gallien. Mitgift. Einfluß der Frau auf öffentliche Angelegenheiten 82

Neuntes Kapitel. Schlußwort.

Geschichtliche Übersicht der Stellung der Frau. Die Ehe ein Privatvertrag, kein religiöser Akt in alten Zeiten. Einführung der religiösen Ehe durch das Christentum. Später Einführung der Ehe als Sakrament und unlösbar. Erhebung des Charakters der Ehe unter dem Christentum und dadurch Hebung der Frau. Die Reformation und die Ehe. Lösbarkeit derselben. Die erste Zwangscivilehe in Frankreich im 17. Jahrhundert. Die Ehe als staatlicher Akt, Frucht der ersten französischen Revolution. Auflösbarkeit der französischen Civilehe. Ihre Unauflösbarkeit unter den Bourbonen. Wiedereinführung der Auflösbarkeit. Die Civilehe in England und Deutschland. Nicht obligatorisch in England. Ehescheidungen und Trennungen in Frankreich. Aspiration der Frau im modernen Staate 85

Einleitung.

Einfluß der verschiedenen Religionen des Altertums auf die Stellung der Frau.

Der Einfluß der Religion war zu allen Zeiten groß auf die politische Entwicklung der Völker. Im Altertume, wie noch im heutigen mohamedanischen Staate, beherrscht die Religion den Staat derart, daß die Civilgesetze oft nur die Interpretation des Dogmas sind. Die religiösen Grundsätze durchdringen alle Sätze der Moral. Gesetze, Gebräuche und Ansichten wurzeln in der Religion.

Eine Betrachtung der Stellung der Frau in der Gesellschaft verschiedener Völker erfordert daher eine Untersuchung der Stellung, welche verschiedene Religionen ihr angewiesen haben.

Nach der Religion Brahmas giebt es für die Frau keinen andern Gott auf Erden, als ihren Gatten. Sich ihm ergeben, ihm gefallen, mit ihm zu sterben, gilt als ihr bestes Werk. Dagegen soll der Gatte bedenken, daß er ihr sein Glück verdankt, durch sie gute Werke verrichtet.

Auch die Religion Budhas schreibt dem Gatten den Schutz der Frau vor, ihr dagegen die Achtung vor ihm. Sie schuldet seinem Andenken, Witwe zu bleiben.

Nach Konfutse soll die Frau der Trost ihres Mannes sein, durch ihre Aufführung sowohl als Zärtlichkeit. Eine Frau in der Mitte der Familie und ihrer Pflicht ergeben, verdient nach diesem chinesischen Gesetzgeber die höchste Bewunderung.

Gehorsam, Reinheit des Herzens, Treue und Achtung gegen den Gatten, wie gegen einen Gott, schreibt Zoroaster vor.

In Ägypten dagegen wies die Religion der Frau eine viel höhere Stellung an. Die Familie stellte daselbst die Idee einer heiligen Dreieinigkeit dar. Osiris der Vater, Isis die Mutter und Har der Sohn waren Gott. Alle drei waren verschieden, aber sie waren gleichmächtig, alle drei bildeten einen einzigen Gott. Vater, Mutter und Sohn, Ursache, Wirkung und Mittel vorstellend, bildeten ein Ganzes und dieses Ganze war die Familie. In einer Religion, wo die Frau, welche ihr Vorbild in Isis der Mutter hatte, an Macht und Tugend ihrem Manne gleich war, dessen Urbild Osiris war, konnte der Gatte keine prinzipielle Superiorität besitzen. Er hatte in allem die Priorität, aber die Frau war ihm stets gleich.

In Griechenland hing die Frau von ihrem Gatten ab. Ihre Stellung war jedoch viel unabhängiger in Sparta als in Athen. Höher schon stand die Frau in Rom, wo in den früheren Zeiten die Töchter gleiches Erbrecht mit den Söhnen besaßen. Aber auch im jugendlichen Rom galt die Liebe für den Gatten als höchstes Verdienst.

Unter den germanischen Völkern gebot die Religion, die Frau als geheiligt zu verehren. Unter den Frauen fanden sich von den Göttern auserwählte Seherinnen.

Treue, Gehorsam und Achtung gegen den Gatten schreibt Moses vor. Nach ihm wurde die Frau aus einer Rippe des Mannes gebildet. Nach dem Genuß der verbotenen Frucht sagte Gott zu ihr: „Dein Wille soll deinem Manne unterworfen sein, und er soll dein Herr sein".

Auch die christliche Religion unterwirft die Frau ihrem Gatten, als ihrem Herrn, dem sie zu gehorchen hat. (St. Paul an Timotheum I Kap. 2 und an die Korinther I

Kap. 7). Aber die Monogamie der christlichen Religion, sowie die Beteiligung von Frauen an deren Entstehen, sicherten der Frau eine höhere Stellung und machten sie nicht zur Sklavin, sondern zur Gefährtin des Mannes.

Mohamed folgt den mosaischen Grundsätzen und schreibt der Frau Unterwürfigkeit gegen den Gatten vor, als von Gott befohlen.

Aus diesem kurzen Überblicke geht hervor, daß die Religion der Ägypter allein die Frau zur wirklichen Gefährtin des Gatten gemacht und ihr in der Familie gleiche Rechte eingeräumt. Trotz der hohen Achtung der Frau in der germanischen Familie hat sie nie denselben Grad von Rechten und Einfluß besessen als in Ägypten, denn das religiöse Gebot, sie zu ehren, verbietet nur Mißbrauch der Superiorität des Mannes.

Nach vorhergehenden allgemeinen Beobachtungen über den Einfluß der Religion auf die soziale Stellung der Frau unter den wichtigsten Völkern der Menschheit will ich nun näher in die politische Stellung der Frau im Altertum eingehen.

1*

Erstes Kapitel.
Die Frau in Ägypten.

Die uns erhaltenen griechischen und lateinischen Autoren, welche über Ägypten schrieben, haben nur sehr wenig über die Gesetze dieses höchst interessanten Landes gesagt. Was wir jedoch von den Institutionen seiner Könige und von seinen Sitten wissen, erlaubt uns anzunehmen, daß, durch die öffentliche Meinung sowie durch das Gesetz gleich beschützt, mit der Zustimmung des Gatten und kraft des Ehevertrages frei von jener Ungleichheit der Lage, welche anderwärts die Frau den Launen der rohen Kraft unterwarf, die ägyptischen Ehefrauen die Gefährtinnen des Mannes im wahren Sinne des Wortes waren dieselben Rechte wie er besaßen und mit ihrem Gatten die häusliche Autorität und die häuslichen Geschäfte theilten. Diese Gleichheit war im vollkommenen Einklange mit den Dogmen der Religion, welche, wie schon erwähnt, die Frau dem Gatten gleichstellte und welche die Gatten-, Kinder- und Elternliebe sehr hoch stellte. Die ägyptischen Frauen kauften, verkauften, besorgten ihre Geschäfte außerhalb des Hauses, ohne die Hilfe des Gatten. Das Gesetz mußte demnach der Frau das Recht zugestehen, selbständig und ohne Ermächtigung vonseite des Gatten, Geschäfte zu besorgen. Diese Thatsache genügt, uns die Höhe der sozialen Entwickelung des alten Ägyptens zu zeigen, eine

Höhe, welche in diesem Punkte heute noch nicht von manchen der civilisierten Völker erreicht ist.

Die Priorität hat jedoch in Ägypten dem Gatten gehört. Seine Rechte waren die ersten, ohne aber die der Gattin aufzuheben, oder zu beeinträchtigen. Für diese Annahme spricht folgende Thatsache. Der König Thutmosis I. (Thotmus), der 18. Dynastie, welche gegen 1822 v. Chr. auf dem Throne saß, hinterließ einen Sohn und eine Tochter. Der Sohn folgte ihm unter dem Namen Thutmosis II. Aber, als dieser kinderlos starb, ging die Krone nicht auf den nächsten männlichen Verwandten über, sondern, nach dem Erbfolgegesetz, auf Amense, Schwester von Thutmosis II. und Tochter von Thutmosis I. Amense verheiratete sich, aber ihr Gatte besaß nie den Titel noch die Rechte eines Königs. Nach einigen Jahren der Ehe hatte sie einen Sohn, wurde dann Witwe, verheiratete sich zum zweiten Male und gebar wieder einen Sohn. Es war das Kind erster Ehe, das, im Einklang mit den Rechten der Erstgeburt, welche die Ägypter eifrig befolgten, der Mutter unter dem Namen Thutmosis III. oder Moeris folgte. Dieser ließ, nachdem er majorenn geworden, von den öffentlichen Monumenten den Namen des Amenenthe, des zweiten Gatten seiner Mutter, ausmerzen, während er auf denselben Monumenten den Namen seines Vaters, des ersten Gatten seiner Mutter, ließ.

Ein noch schlagenderes Beispiel ist das der Kleopatra und ihres Bruders Ptolemäus Dionysus, welche beide mit gleicher Gewalt und denselben Titeln ihrem Vater Ptolemäus Auletes folgten. Dies geschah allerdings unter griechischer Herrschaft; wenn aber wahr ist, was die meisten Historiker behaupten, daß die nationalen Institutionen Ägyptens von der Dynastie der Lagiden aufrecht erhalten und geachtet wurden, und daß kein Gesetz von ihnen diesen Institutionen zuwiderlief und sie störte, so müssen wir annehmen, daß diese Gleichheit zwischen Bruder und Schwester in den ägyptischen Gebräuchen wurzelte.

Diese historischen Thatsachen enthüllen uns das Gesetz, welches das Familienleben regulierte. Denn man darf als sicher annehmen, daß dieses Gesetz der Erbfolge allen freien Familien der verschiedenen Klassen der Nation eigen war. Es ist bekannt, daß in Ägypten das Gesetz über dem Könige stand, den es band. Das Gesetz war absolut; es ging nicht aus von dem Willen des Fürsten, es kam von Gott allein. Die ägyptische Ehegesetzgebung beschränkte sich nicht auf Kasten und es gab gemischte Ehen aus dem Stande der Regenten, Priester, Beamten, Künstler, Freien. Es ist behauptet worden, daß unter den Ägyptern die Polygamie gebräuchlich war. Es ist jedoch sicher, daß weder die Geschichte der pharaonischen Epoche, noch die Monumente vor der griechischen Herrschaft anzunehmen gestatten, daß ein solcher Brauch in den Sitten bestand oder von den Gesetzen geduldet wurde. Die historischen Monumente schreiben keinem Fürsten mehrere Frauen zu gleicher Zeit zu. Man weiß allerdings, daß einige Könige zwei Frauen hatten, besonders Sesostris, der 60 Jahre regierte und dreiundzwanzig männliche Kinder hatte. Aber es ist wahrscheinlich, daß diese zwei Frauen auf einander folgten. Die Gräber umschließen stets einzelne Paare.

Die dreiundzwanzig männlichen Kinder des Sesostris könnten allerdings schließen lassen, daß die Polygamie geduldet war. Letztere war nämlich den Priestern noch durch ihre besonderen Regulationen untersagt und gerade dieses Interdikt scheint nur durch den Gebrauch der Polygamie in den andern Klassen der Gesellschaft sich erklären zu lassen. Es ist aber zu bemerken, daß in Ägypten das Konkubinat in den Sitten bestand, daß die außerhalb der Ehe geborenen Kinder, selbst einer Sklavin, wenn vom Vater anerkannt, legitim waren, daß infolge dessen unter den dreiundzwanzig männlichen Kindern des Sesostris solche gewesen sein können, welche andern Frauen gehörten als solchen, die mit ihm durch Ehekontrakt verbunden waren, und daß das Verbot, daß Priester nicht mehr als eine Frau haben durften, sich auf das Konkubinat und nicht auf die Ehe bezogen haben dürfte. Wenn St. Paul, in einem Briefe an Timotheus, bei der Aufführung der vorzüglichsten Pflichten eines Bischofs sagt, daß er der Gemahl einer einzigen Frau sein sollte, bezog er sich offenbar auf das Konkubinat, wie es in Ägypten der Fall war.

Da das Konkubinat in Ägypten dieselbe Wirkung auf die Legitimität der Kinder gehabt zu haben scheint als die Ehe, so ist es schwierig, die Stellung der Ehefrau zu definieren. Es ist anzunehmen, daß die Ehe Mann und Weib dermaßen verband, daß die Kinder, die daraus hervorgingen, beiden gehörten, den Namen des Vaters trugen und ihn sowohl als die Mutter beerbten, während das Konkubinat den Vater nicht verpflichtete, seine Kinder anzuerkennen. Die Konkubine allein war verantwortlich für die Folgen ihres Zustandes. Hieraus erklärt es sich vielleicht, daß auf manchen Monumenten die Filiationen von Individuen durch die Namen der Mutter und nicht durch die des Vaters ausgedrückt sind. Da die Unterscheidung zwischen legitim und Bastard nicht im Gesetze existierte, so trugen wohl die Kinder eines Konkubinats den Namen des Vaters, wenn dieser sie anerkannt hatte, und nur dann den der Mutter, wenn die Anerkennung fehlte.

Die Ehe war demnach nur ein reiner Civilkontrakt mit Ehevertrag, wenn auch mit religiösen Zeremonien gefeiert, eine Einrichtung, deren Zweck gewesen zu sein scheint, dem Gatten die Paternität zu sichern und die Erbfolge vonseiten des Mannes zu erleichtern. Ein fernerer Zweck der Ehe war der Schutz der gleichen Rechte der Frau, denn, wenn es dem Manne freistand, seinen Namen Kindern, die von einer Konkubine herkamen, zu geben, so konnte er nicht zugunsten dieser unehelichen Kinder die

Mitgift oder den paraphernalischen Besitz (die Neben=
güter) seiner Ehegattin verwenden. Vermutlich hatte letz=
tere die Verwaltung derselben und konnte sie, ohne die
Autorisation ihres Gatten, verkaufen. In der Familie
waren Gatte und Gattin zwei wohl zu unterscheidende
Persönlichkeiten. Es bestand demnach in der ägyptischen
Ehe keine Gütergemeinschaft. Der Frau verblieben ihre
Geburtsrechte, ihr Eingebrachtes und Erworbenes. Auch
im öffentlichen Leben war die Frau vollwichtiges Rechts=
subjekt. Sie konnte selbständig vor Gericht auftreten, alle
Rechtsverbindlichkeiten übernehmen, als Zeugin in Kriminal=
und Civilsachen vernommen werden, Vormundschaften
führen.

Man könnte einwenden, daß die Folgen des Ehe=
bruchs vonseiten der Frau, welcher bei den Ägyptern ein
Verbrechen war, das die Gesetze, nach Herodot, mit Ampu=
tation der Nase bestraften, in der Ehe einen Mangel an
Gleichheit annehmen lassen müsse, und zwar zum Nachteile
der Frau, da dem Manne Konkubinen gestattet waren.
Darauf läßt sich aber entgegnen, daß nach Ansicht der Zeit
das Konkubinat des Mannes in keiner Weise die Rechte der
Ehegattin verletzte, während der Ehebruch der Gattin die
Interessen des Gatten beschädigte. Zudem konnte die Gattin
das Konkubinat des Gatten nicht als Rechtfertigung ihrer
Aufführung anführen, da sie in solchem Falle die Ehe=
scheidung verlangen konnte.

Die Geschichte der Ptolemäer bietet uns zahlreiche
Beispiele der Leichtigkeit, mit welcher das Gesetz die Auf=
lösung der Ehen autorisierte, sowohl auf das Verlangen
der beiden Ehegatten, als auch auf die legitime Klage eines
derselben.

Was Ehen zwischen Bruder und Schwester betrifft,
welche unter der Dynastie der Lagiden sehr häufig waren,
so kann nicht nachgewiesen werden, daß sie bis zur
pharaonischen Epoche hinaufstiegen. Die Geschichte der

Zeiten vor der Herrschaft der Griechen bietet kein Beispiel davon.

Die bekannteste dieser Ehen ist die der Kleopatra mit ihrem Bruder Ptolemäus-Dionysus, dem jüngsten Sohne von Ptolemäus Dionysus genannt Auletes. Dieses Beispiel läßt vermuten, daß ähnliche Verbindungen zu dem wohl einzigen Zweck eingegangen wurden, um das väterliche Erbe nicht zu teilen und eine Macht nicht zu schwächen, deren Erhaltung in ihrer ganzen Integrität die Umstände für beide Teile nötig machen mußten. Vielleicht heiratete die Schwester ihren Bruder auch nur im Falle der Minorität des letzteren und um ihm als Vormund zu dienen. Dies könnte wohl die Veranlassung der Ehe der Kleopatra gewesen sein, damals im Alter von 17 Jahren, mit ihrem Bruder, der nur 13 zählte. Nach diesem Falle teilte die Frau mit ihrem Gatten die Verwaltung der Familie und konnte die Frau ebensogut Vormund des Mannes, als letzterer der der Frau sein. Übrigens besteht obiger Gebrauch noch heutzutage. Die Times of India (vergl. London Standard: 7. Dez. 1878) berichtete, daß der neue König von Burmah nach dem Brauche seiner Vorfahren seine eigene Halbschwester geheiratet habe.

In den niederern Klassen besorgten die Frauen alle Geschäfte außerhalb des Hauses, während die Männer im Innern der Häuser arbeiteten. Unter den höheren Ständen aber gingen, nach Plutarch, die Frauen selten aus. Da es als Anstand unter ihnen galt, öffentlich barfuß zu erscheinen, so hüteten sie sich, sich oft zu zeigen. Die Furcht, sich die Füße zu verletzen, wenn sie ohne Fußbedeckung ausgingen, oder die öffentliche Meinung zu verletzen, wenn sie solche trügen, hielt sie zu Hause. Plutarch meint, daß die Männer zu dieser Sitte die Veranlassung gaben. Diese List der Eifersucht des Gatten dürfte ebenfalls auf die Unabhängigkeit der Gattin ihrem Manne gegenüber hindeuten. Hakem Bamr Allah, der dritte Khalif der Dynastie der Fatymiten, welcher gegen das Ende des 10. Jahrhunderts christlicher Zeitrechnung über Ägypten herrschte, verwandelte später diesen Gebrauch in ein positives Gesetz und in der Borniertheit seines Fanatismus verbot er bei Todesstrafe den Schustern, irgend welche Fußbekleidung für Frauen zu verfertigen. Es war dieses nur die praktische Konsequenz des Kapitels des Korans über die Inferiorität der weiblichen Natur. Dieses barbarische Gesetz besteht noch in dem „Ktab el Mescheied" d. h. das erhabene Buch, eine Art besonderer Koran der Drusen, deren Religion diesen selben Khalifen Hakem Bamr Allah zum Urheber hatte.

Daß die Ehe in Ägypten ein Civilkontrakt war, scheint aus vielem hervorzugehen. Die Natur dieser Verbindungen, die Leichtigkeit der Ehescheidung, die Legitimität der Kinder, die von einer Konkubine stammten, die Geschichte in der kleinen Anzahl von Beispielen, welche sie uns hinterlassen hat, in einem Worte, alles scheint mit dieser Ansicht übereinzustimmen. Besonders spricht noch dafür die Ansicht, daß die Ehepakte erst Probepakte auf ein Jahr gewesen seien, auflösbar nach dem ersten Jahre, mit vorausbestimmten Verpflichtungen gegen die etwa zu verstoßende Frau und ihre Nachkommenschaft. Nach dem einjährigen Ehenoviziat folgte dann die definitive Ehe. Die Religion erteilte ohne Zweifel der Ehe die Weihe. In einem Lande, wo die religiösen Ideen so mächtig waren, konnte es kaum anders sein. Aber es war nicht der Segen des Priesters, wie später in der christlichen Kirche, welcher die Giltigkeit der Ehe ausmachte. In Ägypten war die Ehe ein Kontrakt und kein Sakrament.

Im alten Ägypten gab es schon Hebammen. Es gab deren vier Frauen, der höchsten Klasse entstammend, die den Beruf ausübten. Sie wurden gewöhnlich von einem Diener mit einem Gebährstuhle begleitet. Diese vier Geburtshelferinnen waren nach vier ägyptischen Gottheiten gewählt: nämlich den Geburtsgöttinnen Isis, Nephtys,

Mes-chent und Heget, sowie der männlichen Gottheit Chnum. Der Sitz des Geburtsstuhles war ähnlich der Gestalt des griechischen Buchstabens *Π*. Der Gatte der Gebärenden stand unter der Hausthüre nach Hilfe ausschauend. (Aus Sammelmappe zur Geschichte der altägyptischen Medizin von Baron Dr. Oefele-Neuenahr. 1896.)

Alles was bisher über die ägyptische Frau gesagt wurde, bezieht sich nur auf die freien Frauen. Die Sklaverei, obwohl bei weitem weniger brutal in Ägypten, als in Griechenland und Rom, konnte die respektive Stellung beider Ehegatten nicht modifizieren. Die Geschichte hat sich nur um die Freien und Großen bekümmert, nicht um die niedersten Klassen; und die Wohlfahrt einer Nation war für sie oft nur die Wohlfahrt der Großen. Von der Ehe der Sklaven wissen wir nichts.

Zweites Kapitel.

Die Frau in Griechenland.

In Griechenland soll in der vorhistorischen Zeit der Gesetzgeber Cecrops die Polygamie abgeschafft und unter andern civilisierenden Institutionen die Ehe als eine geweihte Vereinigung mit nur einer Frau, lösbar nur durch den Tod oder gesetzliche Scheidung, eingeführt und den Frauen freier Bürger sogar Beiwohnen öffentlicher Versammlungen in denen Staatsangelegenheiten diskutiert wurden, gestattet haben. Soviel wir aber von der sozialen Stellung der Frau in Griechenland in historischer Zeit wissen, so war sie viel niedriger als in Ägypten und besaß sie nicht die Rechte einer ägyptischen Frau. Im allgemeinen stand sie tief unter dem Manne, welcher nicht nur Herr im Staate, sondern auch in der Familie war.

Diese Souveränität des Mannes wurzelte so sehr in der allgemeinen Meinung, daß Aristoteles und Plato, diese beiden unabhängigsten Geister des Altertums, sich davon einnehmen ließen und die Frau beurteilten, wie sie dieselbe fanden und nicht wie sie sein kann. Plato hatte indes eine Ahnung von einer höheren Bestimmung des Weibes. „Dies Geschlecht" — sagt er in seiner Abhandlung de re publica — „das wir auf obskure, häusliche Arbeiten beschränken, sollte es nicht für edlere, erhabenere Funktionen bestimmt sein? Hat es nicht Beispiele gegeben von Muth,

Weisheit, Fortschritt in allen Künsten? Vielleicht leiden diese Eigenschaften an einer gewissen Schwäche, stehen den unsrigen nach. Folgt daraus, daß sie dem Vaterlande nutzlos sein sollten? Nein, die Natur erteilt kein Talent zum Zweck der Unfruchtbarkeit, und die große Kunst des Gesetzgebers ist, alle Kräfte in Bewegung zu setzen, die die Natur liefert und die wir träge lassen".

Unter den griechischen Staaten war es Lacedämonien, welches der Frau eine mehr unabhängige Stellung einräumte. Sparta war infolgedessen die einzige Stadt Griechenlands, die uns Frauen von großer Energie und Charakterstärke bietet. Trotzdem daß die Athener die Herablassung der Spartiaten gegen das andere Geschlecht ins Lächerliche zogen, suchten sie bei ihnen ihre Ammen und Gouvernanten und übergaben ihnen die erste Erziehung ihrer Kinder, die die Spartanerinnen bekanntlich vortrefflich zu leiten verstanden.

In Sparta heiratete der Jüngling das Weib seiner Wahl und alles trug bei, ihn bei seiner Liebe zu erhalten. Je mehr er sein Weib liebte, desto mehr war er ihr Gefährte, desto weniger ihr Gebieter. In Athen jedoch war die Ehe das Geschäft des Vaters oder Vormundes, welche mehr die Interessen der Familie, als die Neigung der jungen Leute berieten.

Die Töchter Spartas wurden nicht wie die von Athen erzogen. Sie mußten nicht, wie die letzteren, eingeschlossen leben und Wolle spinnen. Sie lernten dagegen tanzen, singen, ringen, auf dem Sande wettlaufen, Speere werfen, ihre Übungen in Gegenwart der Magistratspersonen, der Bürger und der Jugend beider Geschlechter ausführen.

In Sparta stellte die Erziehung und die Ehe die Frau beinahe auf dieselbe Höhe wie den Mann, denn die Ehe war da eine Folge gegenseitiger Neigung, und Lykurg hat durch besondere Einrichtungen die Abnahme der Neigung zu verhindern gestrebt. Es herrschte daher eine glückliche

Harmonie in diesen Familien, eine Freiheit, eine Energie, ein Mut und eine Klugheit unter den Frauen, beinahe gleich den Männern.

In Athen jedoch wählte meistens der Vater für seinen Sohn eine Gattin, welche dieser manchmal nie gesehen. Die Zustimmung der Frau war durchaus nicht nötig, sie mußte sich fügen. Selbst nach dem Tode ihres Vaters konnte die Erbin den Gemahl nicht selbst wählen. Das Gesetz schrieb ihr vor, sich mit ihrem nächsten, unverheirateten Verwandten zu verbinden. War sie arm, so hatte dieser nächste Verwandte sie entweder zu heiraten oder angemessen nach ihrem Range auszusteuern. Waren mehrere Töchter da, so waren alle ihren Vettern bestimmt, in der Weise daß der nächste Vetter das Recht hatte, zuerst unter ihnen zu wählen.

Es scheint die Erbin und ihr Erbe den Mitgliedern der Familie gehört zu haben, und zwar in den ersten Zeiten in einem solchen Grade, daß ein Vater ohne Zustimmung derselben seine Tochter nicht verheiraten konnte. In der Gesetzgebung der letzten Periode besaß er jedoch diese Vollmacht. Die Witwen waren, hinsichtlich einer zweiten Ehe, dem letzten Willen ihres ersten verstorbenen Gatten unterworfen, welcher als ihr gesetzlicher Vormund galt. Bei Ermangelung eines Testaments galt der Bruder, ja selbst ihr eigener Sohn als gesetzlicher Vormund, sobald letzterer volljährig war.

Welches waren nun die Folgen der so verschiedenen Gebräuche und Gesetze in Athen und Sparta? In Athen war die Frau eine Sache, über die der Vater unumschränkt verfügte. Die Ehe hatte nur den Zweck, Erben zu geben. Die Frau, als die Mündel ihres Gatten angesehen, bewohnte das Gynäceum, den verborgensten Teil des Hauses, von welchem die Sitte ihr den Ausgang bei Tage nur unter gewissen Umständen gestattete, und bei Nacht nur mit Lampe oder Fackel. Wenn sie beim Ausgehen, zu leicht gekleidet und nicht anständig genug schien, so unterwarfen die mit Bewachung der Frauen beauftragte Magistratspersonen der starken Geldbuße von tausend Drachmen und ließen das Urteil auf ein Täfelchen schreiben, welches sie an einer der Platanen der öffentlichen Spaziergänge aufhingen. Die verheiratete Frau durfte beim Ausgehen nur so viel Fleisch und Trank mit sich führen, als mit einem Obolus gekauft werden konnten und solches war in einem kleinen Handkorb zu tragen.

An öffentlichen Angelegenheiten nahmen die Frauen in Athen keinerlei Anteil. Ausgeschlossen von allen Versammlungen hatten sie nur Zutritt zu den Tempeln. Die Gatten teilten ihnen nichts von Familienangelegenheiten mit und sie wurden nie zu den Gesellschaften zugelassen, die in den Gemächern des Gatten stattfanden. Dafür entschädigten sie sich oft, nach Aristophanes, im Geheimen für die Strenge ihrer Einschließung durch heimliche Trinkgelage unter sich. Ihre Gatten vernachlässigten sie indes oft im höchsten Grade, hielten Konkubinen, denen sie größere Aufmerksamkeit widmeten und deren Kinder zuweilen ausnahmsweise durch Volksbeschluß legitimiert wurden.

Nach Vorhergehendem waren die Frauen in Athen nur Familienglieder aber, wie die Sklaven, keine konstituierenden Teile des Staates; und das Hauptobjekt der Ehe war die Legitimität der jungen Bürger, weshalb man die Frauen im Gynäceum einschloß. Das Muster eines athenischen Gatten, der weise und tugendhafte Ischomachus, der Freund von Sokrates, soll gesagt haben „daß es wenig Männer in Athen gäbe mit denen er sich so selten unterhalten habe, als mit seiner eigenen Frau". „Seine Rücksicht und Achtung ihr gegenüber", sagt Xenophon, „war jedoch ebenso groß als tugendhaft".

Die Töchter, selbst der Höchsten, wurden in Gesellschaft unwissender Mütter und verdorbener Sklavinnen erzogen.

Sich schön zu kleiden war ihr einziges Studium, sticken ihre einzige Fertigkeit, Unwissenheit ihr Erbteil, Entbehrung ihr Loos. Die gesetzliche Gattin, die legitime Mutter, in ihrer Kindheit oft mit einem Manne verheiratet, den sie nie gesehen hatte, eingesperrt und den Blicken der Außenwelt entzogen, galt als ein zwar unvernünftiges aber unentbehrliches Agens eine Familie fortzupflanzen.

Die spartanischen Frauen, in der Zeit der Blüte Spartas, dagegen waren die besten Gattinnen Griechenlands und die besten Mütter. Sie kleideten sich einfach und hingen treu an ihrem Gatten. Nirgends waren die Frauen weniger überwacht oder eingezwängt. Weit entfernt, sie von aller Teilnahme an Geschäften auszuschließen, berieten die Gatten sie oft nicht allein über Angelegenheiten der Familie, sondern selbst der Nation.

In Sparta waren die Frauen groß, stark, von Gesundheit strotzend, meistens schön, aber von einer strengen, imponierenden Schönheit. Die Freiheit beeinflußt die Entwicklung des Körpers und Geistes. Während der schönsten Zeit Spartas hat man in dieser Stadt keine einzige Curtisane gesehen, während die Großen Athens zu den Füßen einer Laïs oder Phryne lagen, denen sie später selbst Statuen errichteten.

Was von Athen gesagt wurde, gilt von allen andern jonischen Staaten. Die Spartaner und Dorier waren die Einzigen, welche die Freiheit des andern Geschlechts achteten. Aber auch in Athen und den jonischen Staaten waren die Frauen der Landleute freier, nicht eingesperrt, beteiligten sich an den Arbeiten des Haushaltes und in der Stadt selbst verkauften viele Frauen der niederen Klasse und trieben Geschäfte auf den Straßen und Plätzen.

In den verschiedenen Gesetzgebungen Griechenlands scheint der Hauptzweck der Ehe der gewesen zu sein, dem Staate gesunde und kräftige Bürger zu geben. Hierin ging die spartanische Gesetzgebung so weit, daß sie jede

Ehefrau, deren Vereinigung mit ihrem Gatten unfruchtbar blieb, nicht nur autorisierte, ja selbst aufforderte mit einem andern Manne zu cohabitieren. Aus dem Grunde war das Cölibat so sehr verrufen und verachtet.

Trotz ebengenannten Zweckes der Ehe bestand jedoch in ganz Griechenland, selbst in den ältesten Zeiten, die Monogamie, mit Zulassung aber von Konkubinen.

Nach den athenischen Gesetzen, und wahrscheinlich auch nach dem Gebrauche von Sparta, konnte ein Bürger keine fremde Frau heiraten. Aber Blutsverwandtschaft bot keine Hindernisse dar. Es ist schon erwähnt worden, daß die Frau, unter gewissen Umständen, durch das Gesetz gezwungen wurde, ihren nächsten Verwandten zu heiraten. Die Ehe war gleichwohl den Descendenten in direkter Linie untersagt, das heißt ein Ascendent konnte seine Frau nicht in der Descendenz seiner Familie nehmen. Aber die Brüder konnten, nach Cornelius Nepos, ihre Schwestern heiraten, wenn sie nicht von derselben Mutter waren, wie u. A. Kimon die Elpinike heiratete. Eine Verbindung dieser Art wurde jedoch mit Widerwillen betrachtet.

In Athen hatte die Ceremonie der Verlobung einen Einfluß auf die Gültigkeit der Ehe. Der gesetzliche oder natürliche Vormund der Gattin präsidierte dabei und die Verwandten der beiden künftigen Eheleute waren als Zeugen gegenwärtig. Die Formalität, welche vorherging, begründete die Gültigkeit der Ehe und die Legitimität der daraus entspringenden Kinder, und es ist anzunehmen, daß die Kinder, welche aus einer Ehe stammten, welche ohne die unentbehrlichen Präliminarien geschlossen wurde, von der Erbschaft ausgeschlossen waren. Während der Verlobung wurde das Witwengehalt der Frau bestimmt und das Heiratsgut dem Manne übergeben. In Sparta brachte die Frau ihrem Manne weder Heiratsgut noch Aussteuer.

Da die Ehe in Griechenland keiner öffentlichen, sei es civiler noch religiöser, Formalität unterworfen war, und daher durch keinen staatlichen noch religiösen Akt konstatiert werden mußte, so ersetzte das Hochzeitsfest diesen Mangel. Die Gäste waren, wenn nötig, die Zeugen des Abschlusses der Ehe. Bei den Hochzeitsmahlen wurde in Athen notwendigerweise von dem allgemeinen Ausschließen der Frauen von allen Mahlzeiten der Männer Ausnahme gemacht. Sie wurden zwar zugelassen, aber saßen an einem getrennten Tische mit der verschleierten Braut. Einige Tage nachher ließ der Gatte seine Frau unter den Mitgliedern des Stammes, dem er angehörte, einzeichnen und brachte bei dieser Gelegenheit ein Opfer. Die Frau gehörte nun ihrem Manne an und ihre Funktionen im Haushalte waren: die Dienerschaft zu überwachen und für die körperliche Erziehung der Kinder zu sorgen.

Unter den meisten alten Völkern bestand die sogenannte Repubiation der Frau vonseiten des Gatten, und diese war eine Ehescheidung. In Athen war aber die Repubiation beiden Eheleuten gestattet, als ein beiderseitiges eheliches Recht. Ein treffendes Beispiel davon findet man in der Klage vor dem ersten Archonten vonseiten der Hipparete gegen ihren Gatten Alkibiades. Man ersieht aus diesem Beispiele, daß die Untreue oder schlechte Behandlung vonseiten des Gatten, ebensogut als der Ehebruch vonseiten der Gattin, ein Verlangen um Scheidung begründen konnte. Es versteht sich von selbst, daß nach ausgesprochener Scheidung beide Teile frei waren, eine zweite Ehe mit einer andern Person zu schließen.

Gewöhnlich wurde jedoch die Ehescheidung selten von der Frau verlangt. Sie mußte mit eigener Hand dem Archon ein Verlangen um Scheidung infolge nachzuweisender schlechter Aufführung ihres Gatten vorlegen, ein Schritt, den die athenische Frau, welche nicht gewohnt war öffentlich zu erscheinen, ungern that. Trennung von den Kindern, welche dem Gatten gehörten, öffentlicher Skandal mögen ebenfalls Viele abgehalten haben. Sie ließen ohne Klagen ihren

Gatten seine Maitressen halten und Kinder mit ihnen zeugen. Die Untreue der Gattin hingegen ward schwer bestraft, mit Verlust der Kaste, zuweilen mit Sklaverei, stets mit dem Brandmal öffentlicher Verachtung. Die Ehebrecherin durfte in den Tempeln nicht beten, noch sich als Matrone kleiden.

Die beiden Ehehälften konnten sich auch nach freiwilliger Übereinkunft trennen und eine neue Ehe eingehen, wie Perikles sich von seiner Frau, mit der er unglücklich lebte, nachdem sie ihm zwei Söhne geboren, trennte und beide andere Ehen eingingen. Im Falle freiwilliger Scheidung und bei einer solchen, die vom Archon zu Gunsten der klagenden Frau ausgesprochen wurde, hatte letztere das Recht, die eingebrachte Mitgift zu beanspruchen.

In Ägypten konnte wahrscheinlich die Ehetrennung im Falle von Ehebruch ebensowohl zugunsten der Frau als des Gatten ausgesprochen werden. In Griechenland hat Solon zuerst in einem Gesetze die Klage der Frau gegen den Gatten zugelassen. Obwohl wir von den Gesetzen Ägyptens wenig wissen, so ist doch anzunehmen, daß Solon, welcher in diesem Lande reiste und daselbst vieles lernte, auch sein Gesetz über die Ehescheidung dem pharaonischen Gebrauche oder Gesetze entlehnte.

Die Prostitution blühte im größeren Teile von Griechenland. Es war dies sozusagen die Heimat der Kurtisanen. Es gab deren von allen Sorten, allen Graden und für alle Vermögen, von den Niedrigsten an, die mit einem Myrtenzweige in der Hand die Vorübergehenden vom Fenster anlockten, bis zur hochmütigen Korintherin, welche zuweilen eine einzige ihrer Nächte für bis zu einem Talente* verkaufte. Daher das Sprichwort: „Non licet omnibus adire Corinthum".

Es gab, wie gesagt, verschiedene Klassen von Kurti-

---

* Ein Talent gleich 225 Pfund Sterling oder 4500 Mark.

sanen. Auf der niedersten Stufe standen solche fremde
Prostituierte, welche einfach das waren, was die öffentlichen
Mädchen der modernen großen Städte sind, der Aufsicht
der Polizei unterworfen, welche die Taxe ihres Lohnes
festsetzte, den sie verlangen durften, und sie nötigte, nach
Proportion des Lohnes eine Steuer zu entrichten. Die
meisten dieser waren Sklavinnen und gaben alles, was sie
verdienten, für Miethe und Nahrung her, welche der
Maquereau oder die Maquerelle lieferte, die mit ihrer
Schande Handel trieben.

Über obigen standen die Auletriden, Flötenspielerinnen,
welche, unter dem Vorwande, die Mahlzeiten mit ihren
Instrumenten zu beleben, bei keiner Orgie fehlten, und
sich mit betrunkenen Männern abgaben.

Hetäre (was Freundin oder Kamerabin bedeutet)
nannte man die Frauen, welche ein Haus für sich
hatten, welche die Söhne der Familien ruinierten, immense Schätze sammelten, wie Fürstinnen lebten und zum
Teil nach ihrem Tode fast göttlich verehrt wurden. Ein
Lächeln des Glücks, ein glücklicher Zufall kehrte zuweilen obige Rangordnung um oder verschmolz die Rang-
unterschiede und trug auf die höchste Stufe von Macht
und Reichtum eine Solche, welche anfangs unbekannt in
ihrer Liederlichkeit dahin lebte. So geschah es mit Thaïs,
welche Alexander antrieb, Persepolis zu verbrennen, und die
später sich an der Seite von Ptolemäus auf den Thron
von Ägypten setzte. Sie war von dem Besieger Asiens in
den Straßen von Athen aufgegabelt worden. Ebenso hatte
Lamia, welche die Favoritin von Demetrius Poliorketes
war und die zuletzt in den Städten Theben und Athen
unter dem Namen „Venus-Lamia" angebetet wurde, ihre
Laufbahn als Auletribe begonnen. Ebenso ward die Bacchis,
für welche der reiche Harpalus sich solchen verrückten Ver-
schwendungen überließ und welcher er ein Grabmal errichten
ließ, das ihm immense Summen (200 Talente Gold heißt

es) kostete, von ihm aus einem Hause von Prostituierten gezogen, wo er sie zum erstenmale gesehen hatte.

Wer hat nicht von Aspasia gehört, welche Perikles heiratete, nachdem sie, wie man sagt, vorher als Hetäre in Athen gelebt hatte? Wer nicht von Laïs, welcher das Volk in Masse folgte, wenn sie sich nach dem Tempel der Venus begab und wobei die Leute ausriefen, daß die Göttin selbst zur Erde herabgestiegen wäre? Wer nicht von Phryne, welche mit dem Geld, das ihr Gewerbe ihr eingebracht hatte, in Korinth die schönsten Gebäude errichten ließ und sich erbot, auf ihre Kosten das durch Alexander zerstörte Theben, wieder aufzubauen? Sie stellte dabei die Bedingung, daß man ihr erlaubte auf die Stadtmauer folgende Inschrift zu setzen: „Alexander zerstörte sie, aber Phryne, die Hetäre, erbaute sie". Angeklagt vor dem Tribunal der Heliasten, die Mysterien verraten zu haben, verteidigte sie sich nur damit, daß sie den Schleier erhob und ihr Gewand niederließ, und sie ward freigesprochen. Ihre goldene Statue stand im Tempel zu Delphi zwischen den Statuen zweier Könige.

Die Hetären hatten einen außerordentlichen Einfluß, privat sowohl als öffentlich. Diesen Einfluß verdankten sie oft mehr ihrer geistigen Ausbildung als ihrer Schönheit, sowie der niedrigen geistigen Bildung der ehrbaren Familienmütter. Man hielt Ignoranz nötig für Keuschheit, man bannte die Grazie der Tugend wegen, man machte Bescheidenheit langweilig und Laster anziehend. „Die Frau für Haus und Ehre, die Hetäre für Erquickung und Wonne" galt als Maxime. Geistige Ausbildung, glänzende Unterhaltung, Poesie, Gesang mit Begleitung der Leyer, machten letztere zu Gefährtinnen von Helden, Staatsmännern und Philosophen. Mit der Vernachlässigung der Gattin und der Bevorzugung der Kurtisane, deren luxuriöse Villas von jungen und alten, ledigen und verheirateten Magistratspersonen, Gesetzgebern, Poeten und

Philosophen besucht wurden, verschwand das Gefühl von Recht und Unrecht, von moralischem Bewußtsein, von politischen Prinzipien, und die Folgen zeigen, daß öffentliche Freiheit nicht bestehen kann neben sozialer Demoralisation.

Was beweist aber noch dieser Einfluß der Kurtisanen auf Religion, Kunst, Philosophie, Politik, selbst Gerechtigkeit, welche sie beherrschten? Er beweist, daß die freie Ehe allein eine moralische Ehe ist, eine Ehe, wo die Frau die Ebenbürtige und nicht die Sklavin des Gatten ist. Man entsetzte sich zu Athen über die Freiheit der Frauen von Sparta und doch war es zu Athen, Korinth, Theben, wo die Frauen die Sklavinnen ihrer Männer waren, wo die Kurtisanen souverän regierten, wo die Orgie, die Liederlichkeit, der Ehebruch sozusagen in den Sitten waren, während in der Stadt Sparta, zur Zeit der Blüte, keine Kurtisane gesehen ward.

Drittes Kapitel.

Die Frau in Rom.

Die Lage der Frau war lange Zeit wenig besser unter den römischen Gesetzen, als unter denen Griechenlands. Es scheint jedoch, daß in den frühesten Zeiten Roms diese Lage weniger sklavisch gewesen als später. Die gesetzmäßige Ehe hieß bei den Römern „justae nuptiae (rechtmäßiges Beilager), justum matrimonium (rechtmäßige Ehe)". Es gab deren zwei Arten: Die Ehe mit Zustimmung der Gattin in die Macht des Mannes: cum conventione uxoris in manum viri, d. h. wo die Frau sich ganz ihrem Gatten übermachte, und zweitens die Ehe, viel weniger absolut, welche, diese Formalität beiseite lassend, eine genügende aber nicht so vollständige Verbindung bildete. In beiden Fällen bedurfte es der gegenseitigen Beistimmung beider Teile, welche heiratsfähig sein mußten; und die gesetzlichen Formen, was die Autorität des Vaters über die Kinder betrifft, waren auch bei beiden Ehen dieselben.

Die Fähigkeit, eine legitime Ehe einzugehen, konstituierte, was die Römer Connubium nannten, welches nur unter römischen Bürgern bestand, d. h. es war verboten, unter Strafe der Nichtigkeit, eine Ehe mit fremden Frauen zu schließen. Später, zur Kaiserzeit, setzten jedoch Konstantin

ober Constantius Chlorus, sein Vater, fest, daß die Römer
Verbindungen mit den Franken eingehen konnten; und wir
sehen wirklich, daß Arcadius die Tochter von Arbogast,
eine Fränkin, zur Frau hatte, welcher er den griechischen
Namen Eudoxia gab.

Anfangs war das Connubium, d. h. Eherecht, ebenfalls zwischen Patriziern und Plebejern verboten. Aber
das Catuleia-Gesetz modifizierte diesen Stand der Dinge
und die legitime Ehe war zwischen den zwei Klassen erlaubt.
Gewisse Ehen waren nebstdem unstatthaft. So gab
es kein Connubium zwischen Vater und Adoptivtochter,
zwischen Brüdern und Schwestern, ausgenommen wenn
letztere adoptiert und majorenn waren.

Es wurde gesetzmäßig, die Tochter seines Bruders zu
heiraten, nachdem Claudius das Beispiel davon gegeben,
indem er Agrippina zur Frau nahm. Aber die Regel
wurde nur durch dieses einzige Beispiel aufgestellt, und
zur Zeit des Rechtsgelehrten Gaius war es einem Manne
nicht erlaubt, die Tochter seiner Schwester zu heiraten.
Die Ehe war ebenfalls mit seiner Stieftochter, Schwiegertochter, Schwiegermutter verboten.

Eine Verbindung zwischen einem Manne und einer
Frau war keine Ehe, i. e. Connubium, wenn nicht alle
gesetzlichen Bestimmungen erfüllt wurden. Die Kinder
hatten in solchen Fällen keinen legitimen Vater, und infolge
dessen hatte die väterliche Autorität keine Gewalt über sie.
Diese Vorschriften gehörten jedoch nicht zur geschriebenen
Gesetzgebung, sie ruhten nur auf Gebrauchsrecht.

Die Zustimmung nicht nur der Eheleute, sondern
auch derjenigen, von denen sie abhingen, war eine wesentliche Bedingung der Ehe dieser Art. Es hatten daher
diejenigen, die nicht unabhängig (sui juris) waren kein
Recht ein Connubium ohne Zustimmung ihrer gesetzlichen
Vormünder einzugehen. In den frühsten Zeiten konnte
selbst ein Vater seinen Sohn oder seine Tochter ver-

heiraten, wenn solche noch nicht majorenn waren, ohne ihre Zustimmung zu haben.

Das Connubium konnte nur mit einer einzigen Frau geschlossen werden, und im Falle der Scheidung konnte eine zweite Verbindung nur dann ein Connubium sein, wenn die Ehescheidung ausgesprochen und nach den vorgeschriebenen Formen bestätigt worden war. Die Monogamie war zu Rom ein absolutes Prinzip der Moralität.

Das Connubium war, wie schon gesagt wurde, zweierlei Art: cum conventione und sine conventione. Die erste war unentbehrlich um die Frau zu einer sogenannten mater familias, d. h. Familienmutter, zu machen. Durch sie trat die Frau in die Familie ihres Gatten ein und befand sich dann ihm gegenüber in der Stellung einer Tochter. Der Gatte war, in diesem Falle, der Vormund seiner Frau.

Durch die andere Art der Ehe, das connubium sine conventione, blieb die Frau in der Familie ihres Vaters, anstatt in die Familie ihres Gatten einzutreten, wohnte zwar im Hause des Gatten, bewahrte sich aber ihre Stellung in ihrer Familie, die sie vorher einnahm, d. h. ihr Vater fuhr fort ihr Vormund zu sein. Aber in diesem Falle war sie nicht mater familias, sie war nur Gattin, uxor.

Aus der letzten Art von Ehe entsprangen für die Frau eigentümliche Folgen. Ihre Unabhängigkeit als Gattin entsprang aus ihrer Unterwürfigkeit als Tochter. So lang ihr Vater lebte, hatte sie eine Aussteuer, um ihre Ausgaben im Haushalt zu bestreiten. Dies war ihr erstes Eigentum. Dann, nach dem Tode ihres Vaters, erhielt sie Vermögen durch Erbschaft. Dieses besaß und verwaltete sie ganz allein, denn ihr Gatte hatte keine Ansprüche darauf, weder auf Nutzrecht noch Verwaltung. Gewöhnlich befand sich im Hause ein Sklave, der mit der Verwaltung betraut war und welcher nur von der Gattin abhing. Nur ihr legte er Rechenschaft ab, ihr übermachte er die Summen für Verkäufe, wie z. B. von Vieh oder Korn. Man nannte ihn den Aussteuersklaven. Indem die Gattin so ein unabhängiges Vermögen besaß, nahm sie einen gleichen Rang mit ihrem Gatten, und oft sogar einen höheren im Haushalt ein.

Wenn die Ehe sine conventione geschlossen worden war, hatte die Frau, welche, wie erwähnt, Mitglied ihrer eigenen Familie blieb, zu ihrem Gatten keine andere Beziehungen, als daß sie Mutter seiner Kinder war, daß sie ihm so lang treu zu bleiben hatte, als das gegenseitige Einverständnis die eheliche Cohabitation aufrecht hielt.

Wenn, im Gegenteil, die Ehe cum conventione in manum geschlossen ward, so trat die Gattin in die Familie ihres Gatten; ihr eigenes Vermögen ging in dem des Gatten auf, welcher der rechtmäßige Erbe war; und sie ward unfähig, neues Eigentum für sich selbst zu erwerben. Sie konnte ihren Gatten nicht verlassen, obgleich dieser das Recht hatte, sie zu verstoßen.

Es gab aber, nebst obigen zwei Arten von Ehe, noch eine andere, nämlich cum consensione. Die Ehe cum consensione, d. h. mit Übereinstimmung, konnte auf drei verschiedene Weisen geschlossen werden: durch usucapio, d. h. ununterbrochener Besitz, durch confarreatio, d. h. Verbindung durch Opferzeremonien, und durch coemtio, d. h. Kauf.

Wenn eine Frau mit einem Manne während eines ganzen Jahres als Gattin gelebt, wurde sie seine Gattin durch Besitz, i. e. usu. Die usu-capio ward aber unterbrochen und die Ehe durch Besitz trat nicht ein, wenn die Frau jedes Jahr drei Nächte hintereinander außerhalb ihrer Wohnung zugebracht hatte.

Man nannte Confarreatio eine religiöse Zeremonie, bei welcher man den Göttern einen Mehlkuchen (far) opferte und vor zehn Zeugen gewisse Worte aussprach, welche die

Giltigkeit der Ehe begründeten und festsetzten. Eine solche Ehe wurde auf eben dieselbe Weise getrennt und die Trennung hieß: diffarreatio.

Durch coemtio, eine Heiratszeremonie mittels eines Scheinkaufes, trat die Frau von der väterlichen Autorität unter die ihres Gatten, der sie dem Vater abkaufte.

Eine Verlobung fand manchmal vor der Heirat statt. Aber sie war nicht nötig, und wenn auch dabei die Bedingungen des Kontraktes stipuliert worden waren, so verpflichtete sie zu nichts. Im Falle aber von Nichtausführung der kontrahierten Stipulationen, konnte die beeinträchtigte Seite der andern einen Prozeß um Schadenersatz machen.

Bei der gesetzmäßigen Heirat, justae nuptiae, war der Vater verpflichtet, je nach seinen Mitteln, seiner Tochter eine Aussteuer zu geben; und letztere, nachdem sie majorenn geworden, konnte selbst ihren Vater zwingen, sie zu verheiraten und auszusteuern. Einen Witwengehalt gab es nicht. Beim connubium cum conventione wird der Gatte, wie erwähnt, absoluter Herr alles dessen, was der Frau gehört, und nach seinem Tode hatte sie kein Recht auf irgend etwas, ausgenommen die Rückzahlung ihrer Aussteuer.

Im Falle des connubium sine conventione, wo die Frau allein Herrin über ihr Vermögen war, hatte diese keinen Anspruch auf Entschädigung nach ihres Gatten Tod.

In Rom war die Ehe ein reiner Civilkontrakt und keinerlei feierlicher, religiöser Zeremonie unterworfen, mit Ausnahme der erwähnten Heirat durch Confarreatio. Die Römer haben die Schließung der Ehe nicht zu einem öffentlichen Akt erhoben mit Intervention des Staates. Sie haben diesen Kontrakt ganz unter der Klasse der Privatakten gelassen. Zuweilen wurde ein Vertragsdokument entworfen, teils um die Konventionen bezüglich des Besitzes zu ordnen, teils um die Eheschließung zu beurkunden. Aber diese

Urkunden waren nichts weiter als Beweismittel; sie machten nicht die Heirat aus, wenn letztere noch nicht stattgefunden hatte, und die Heirat ohne solche Aktenstücke existierte nicht weniger. Der Beweis davon war keiner besondern Form unterworfen. Das Zeugnis der Freunde, der Nachbarn war, wenn nötig, hinreichend. Was die religiösen, eine Ehe begleitenden Zeremonien betrifft, so hatten sie niemals einen gesetzlichen Charakter. Die Intervention der Götter war nicht erforderlich für die Giltigkeit eines Vertrages. Die Ehe bestand in ihrer ganzen Giltigkeit vom Augenblick an, wo das Übereinkommen zwischen beiden Seiten mit der Zustimmung der gesetzlichen Vormünder der Kontrahenten stattgefunden. Die religiösen Riten gehörten nur zur Ehe durch confarreatio.

Die Lage der römischen Frauen nach der Heirat war bei weitem weniger hart als die der athenischen. Die ersteren hatten die Regierung der ehelichen Behausung; sie erzogen die Kinder, wachten über die Ehre der Familie und nahmen Teil an den Auszeichnungen und der Achtung ihrer Gatten. Fern davon isoliert und eingeschlossen zu sein, bewohnte die römische Matrone, wenigstens unter der Republik, das Atrium d. h. den wichtigsten Teil des Hauses. Ihre Rechte als Mutter waren allerdings nicht so ausgedehnt als die des Familienvaters, welcher während sehr langer Zeit über seine Kinder eine unbegrenzte Macht, sogar über Leben und Tod, besessen hat.

Obgleich das Gesetz ihnen keinen Teil der Macht zuschrieb, welche dem Vater, als römischem Bürger, exklusiv verliehen ward, so waren doch die Mütter so einflußreich bei ihren Kindern, und standen so hoch in Achtung und Liebe, daß man daraus auf eine Autorität schließen darf, welche sehr verschieden von derjenigen der athenischen Matrone war. Die edeln Beispiele von Veturia und Kornelia, der Mutter des Koriolan und der Mutter der Gracchen, sprechen dafür.

Die Ehescheidung bestand, wie schon erwähnt, im römischen Gesetze. Man liest in Plutarch „Leben des Romulus" (Kap. 29), daß bei den ersten Römern das Gesetz des Romulus, indem es den Frauen verbot, ihre Gatten zu verlassen, die letzteren ermächtigte, ihre Gattinnen zu verstoßen und zwar wegen Ehebruchs und einiger andern, besonders bestimmten Fälle. Aber wenn ein Gatte seine Frau wegen irgend einer andern Ursache verstieß, so mußte er ihr die Hälfte seines Vermögens abtreten, und die andere Hälfte der Ceres geben.

Die Repubiation war demnach im Prinzip ein Vorrecht, das anfangs nur dem Gatten zukam und nicht gegenseitig war. Das Gesetz Solons ist, wie schon erwähnt wurde, das erste, das der Frau gestattet, die Ehescheidung zu verlangen, und dieses Beispiel ward später von den Römern nachgeahmt. Dieses Gesetz wurde, nach Mutmaßung Montesquieus, in Rom durch die Kommission eingeführt, welche die Republik nach Griechenland schickte, und welche von da die berühmten Instruktionen brachte, von denen das Gesetz der zwölf Tafeln herzustammen scheint.

Sobald als Rom der Frau das Recht der Repubiation zugestanden hatte, reichte der Wille der beiden Ehegatten allein hin, um die Ehe zu lösen. Das Gesetz verlangte keine Ursachen für die Ehescheidung. Nur im Falle von Opposition von einem der beiden Ehegatten entschieden die Tribunale.

Es ist von Wichtigkeit zu beachten, daß die Ehescheidung, gegen welche die christliche Kirche später ihren Bann schleuderte, in der Gesetzgebung des Kaiserreichs aufrecht erhalten blieb selbst nach Einführung des Christentums. Übrigens ist, bei der außerordentlichen Sittenverderbnis, dieselbe später dermaßen erniedrigt und mißbraucht worden, infolge der Leichtigkeit, mit der man von einer Ehe zur andern schritt, daß einige christliche Kaiser es für nötig hielten, sie besondern Regeln zu unterwerfen. Man findet besonders in Justinians Codex einen ganzen Abschnitt, der sich darauf bezieht. Derselbe Fürst fügte später andere Anordnungen durch eine seiner Novellen bei.

Wir haben gesehen, daß die Frau in Rom lange Zeit ihr ganzes Leben unter der Vormundschaft ihres Gatten oder Vaters oder ihrer nächsten Verwandten stand. Als die Ursache dieser Bevormundung galt ihre Charakterschwäche: „propter animi levitatem". Man untersuchte nicht, ob solche Charakterschwäche angeboren oder anerzogen ist.

Beim Verfall der Republik und unter den Kaisern erlitt das alte Gesetz zahlreiche Ausnahmen. Die ersten findet man in den Privilegien der Vestalinnen und später in den Belohnungen, welche der Fiscemia Hispala dafür zuerkannt wurden, daß sie das Geheimnis der obscönen Mysterien der Bacchanalien verrieten. Aber selbst unter der Republik hatten die Vormünder ihre Macht schon verloren; die Frauen besorgten selbst ihre Angelegenheiten, die Vormünder traten mit ihrer Autorität nur in gewissen Fällen und der Form wegen dazwischen und nur soweit, daß sie durch den Prätor gezwungen werden möchten, die Schritte ihrer Pupille anzuerkennen. Mit Bezug hierauf hat Cicero gesagt: „Unsere Ahnen wollten, daß alle Frauen sich in der Gewalt der Vormünder befänden; die Rechtsgelehrten erfanden hierauf die Vormünder, die sich in der Gewalt der Frauen befinden" (Cic. pro Murena, C. XII. § 27).

Unter Augustus setzte ein Gesetz, zu dem Zwecke die Ehe zu empfehlen und die Fruchtbarkeit zu belohnen, fest, daß freigeborene Frauen, Mütter dreier Kinder, selbst von der legitimen Vormundschaft befreit sein sollten. Das Gesetz Claudia, im Jahre 798 (von Rom) unterdrückte gänzlich die Vormundschaft der Agnaten über die Frauen und ließ unter den legitimen Vormundschaften nur noch die der „Ascendenten" und der Patronen bestehen.

Später kam auch diese Art Vormundschaft außer Gebrauch und erlosch allmählich nach der Regierung von Septimius Severus, ohne durch irgend ein Gesetz förmlich abgeschafft worden zu sein. Endlich wurde jedweder Unterschied der Geschlechter zur Zeit von Justinian völlig unterdrückt und die Vormundschaft, sowohl mit Bezug auf die Frauen als auf die Männer, erlosch mit dem Alter der Pubertät.

Was das Vermögen betrifft, welches eine verheiratete Frau nach dem römischen Gesetze besitzen konnte, so gab es dessen drei Arten: das Dotalvermögen, das Paraphernalvermögen und den Besitz, den man bona receptitia nannte; es waren dieses die Dinge, welche die Frau in das Haus ihres Gatten mitgebracht, zu ihrem eigenen, besondern Gebrauche. Beim Tode des Gatten fielen alle diese Besitztümer ihr zu. Es gab, wie erwähnt, keinen Witwengehalt, aber die Frauen hatten das Recht, von dem Besitze ihres verstorbenen Mannes eine Summe gleich ihrer Mitgift zu nehmen.

Das Konkubinat hatte nichts Entehrendes bei den Römern. Es bestand in einem zulässigen Umgange von Mann und Frau, ohne Formalität, ohne Band, ohne Mitgift, wobei aber, außer der Zustimmung der beiden, noch die der Ascendenten (Verwandter in aufsteigender Linie) unter deren Macht sie sich befanden, nötig war, gerade wie bei der Heirat. Wenn man berücksichtigt, daß der Mann nur eine Konkubine haben durfte, so muß man das Konkubinat als eine der Ehe nahe kommende Einrichtung ansehen. Die Konkubinen konnten jedoch keine gesetzlichen Erbinnen in einem Testamente sein. Das Gesetz erkannte nur die Schenkungen an, welche ihnen die Gatten zu Lebzeiten letzterer machten. Eine solche Verbindung konnte aber zu irgend einer Zeit durch den Willen beider Seiten oder einer aufhören. Eine der Folgen derselben war, daß die Kinder der Mutter gehörten, und nicht unter die väterliche Autorität traten. Es scheint jedoch, daß solche

Kinder den Namen des Vaters führten, aber sie waren keine rechtmäßigen Kinder, da sie keinen rechtmäßigen Ehen entsprungen waren. Sie waren aber auch keine Bastarden. Man nannte sie natürliche Kinder. Sie können in gewisser Beziehung mit den im Code Napoléon anerkannten natürlichen Kindern verglichen werden. Nach dem Code Napoléon ist das Konkubinat selbst dem Ehemann erlaubt, nur darf er die Konkubine nicht in dem Hause halten, welches er mit seiner Frau bewohnt.

Das Konkubinat bestand, bis der Kaiser Leo VI. es definitiv abschaffte. Es scheint jedoch, daß schon vorher der Unterschied zwischen Konkubinat und rechtmäßigen Ehen aufgehört, von denen ersteres gewöhnlich in Ungleichheit der Stellung und des Vermögens gewurzelt zu haben scheint. Kaiser Justinian heiratete Theodora, die schöne aber ausschweifende Schauspielerin. Derselbe verlieh alle Privilegien der legitimen Ehe den Theaterfrauen, welche bis dahin davon ausgeschlossen gewesen.

Das Christentum konnte in den ersten Zeiten das Konkubinat nicht aufheben noch verbieten. Es mußte, um Boden zu gewinnen, sich in manche alten Sitten fügen, die es später verworfen hat. Ein Konzilium zu Toledo, 700 Jahre nach dem ersten Erscheinen des Christentums im römischen Reiche, entschied folgendes: „Qui non habet uxorem, et pro uxore habet concubinam, a communione non repellatur; tamen unius mulieris aut concubinae, ut ei placuerit, sit conjunctione contentus." („Wer keine Ehegattin hat, aber anstatt deren eine Konkubine, wird von der kirchlichen Gemeinschaft nicht verstoßen. Er muß sich jedoch mit einer einzigen Gattin oder Konkubine begnügen.")

Was die Prostitution betrifft, so war es nur gegen die letzten Zeiten der Republik, als die Gewohnheit der Tyrannei allen Mut und alle Selbstachtung untergraben hatte, daß dieselbe in Rom blühte. Viele der Kurtisanen kamen von Griechenland. Die Römer waren eifersüchtig auf dieses berühmte Land. Sie borgten gern von ihm seine Gesetze und Gebräuche. Aber in ein anderes Klima verpflanzt, inmitten eines harten und wilden Volkes, arteten sie aus in ihren Wirkungen, verwandelten sie sich in Anomalien oder dienten als Vorwand zu den unglaublichsten Ausschweifungen. Auf diese Weise wurde die athenische Hetäre in Rom die Prostituierte der schändlichsten Orte der Liederlichkeit, die noch je dagewesen.

Diese Plätze der Ausschweifung waren, wie es die Geschichtsschreiber und Satiriker beweisen, in Rom und Italien bei weitem zahlreicher als in Athen, und die Orgien, die daselbst stattfanden, hatten nichts gemein mit dem Zartgefühle, welches die Griechen selbst in solchen Dingen bewiesen. Auch haben die lateinischen Kurtisanen keine Erinnerungen hinterlassen. Sie haben allerdings ihre Rollen in den Komödien von Terentius und Plautus; aber diese Komödien waren mehr griechisch als römisch. Sie haben wohl ihre Namen in den Poesien von Horatius, Tibullus, Catullus, Ovidius und Propertius; aber nichts knüpft sich an diese Namen an, nichts beweist selbst authentisch die Existenz einer Cynthia, Delia, Lesbia, Corinna und anderer, deren Reize uns die Dichter malen.

Während die griechischen Kurtisanen die Gattinnen von Fürsten und Königen wurden, wurden die Gattinnen der Cäsaren zu Rom Kurtisanen. Es ist bekannt, daß die Ausschweifungen der Frauen seiner Familie Augustus weinen machten; man weiß, wie die Kaiserin Valeria Messalina lebte, von welcher Juvenal sagt: „Et lassata viris, necdum satiata, recessit" („des Mannes müde und doch nicht zufriedengestellt, ging sie weg").

Die Aufführung der fürstlichen Frauen verfehlte nicht, in den hohen Klassen der Gesellschaft und wohl auch in den untern Nachahmerinnen zu finden; und das Beispiel der Messalina, der kaiserlichen Prostituierten, die sich dem ersten Besten überlieferte, welcher die Schlupfwinkel ihrer Liederlichkeit besuchte, läßt auf eine vollständige Entartung der Moral, der Sitten jener Zeiten schließen.

Anfangs war die Frau in Rom in allem dem Manne unterworfen, welcher sie geißeln, verurteilen, selbst töbten konnte. Später mäßigte eine von Griechenland gebrachte Neuerung diese Härte, und später noch besaß die Frau in Rom selbst einige Freiheiten und Privilegien. Die spätere Prostitution zerstörte jedoch den Rest der Achtung vor ihr, und die Liederlichkeit erniedrigte sie wieder zur Sklavin.

Es ist schon erwähnt worden, daß die Kinder, welche aus dem Konkubinat entsprangen, keine Bastarden waren. Diesen Namen scheinen nur Kinder getragen zu haben, welche aus ehebrecherischen oder blutschänderischen Verbindungen entsprangen, überhaupt von Vereinigungen, welche das Gesetz verbot.

Wenn ein Mann schon verheiratet war und ein Kind von einer andern Ehefrau ihm geboren ward, so war dieses Kind ein Bastard. Wenn ein Onkel ein Kind von einer Nichte hatte, so war dasselbe ebenfalls einer. Das Gesetz erkannte nur eine einzige Frau an. Es verbot die Ehe unter nahen Verwandten. Eine solche Ehe hatte keine bürgerliche Giltigkeit, und die daraus entsprungenen Kinder waren daher ungesetzliche.

In Rom scheint der Bastard der Mutter und ihrer Klasse angehört zu haben, nach dem Grundsatze des römischen Rechts mit Bezug auf sie: "partus ventrem sequitur". Er war zur Erbfolge der Mutter und ihrer Familie zugelassen, und die Mutter und nächsten mütterlichen Verwandten erbten ihn. Die öffentliche Meinung scheint den Bastarden nicht günstig gewesen zu sein. Unter der Republik war Bastard zu sein eine Schande, welche von öffentlichen Stellen und dem Bürgerrecht ausschloß.

Der Bastard konnte nicht in die Familie seines Vaters treten, ohne legitimiert worden zu sein. Das alte Rom bot wahrscheinlich wenige Beispiele solcher Legitimation dar. Es ist nur bekannt, daß, als die Republik tapferer Arme beburfte, um sie zu verteidigen, sie alle Bastarden zu Bürgern erklärte, welche, durch dieses Mittel, ohne die Mithilfe ihrer Väter, legitimiert wurden. Demnach war zur Legitimation die Anerkennung des Vaters nicht nötig. Sie verlieh den Namen und die Prärogative eines Bürgers.

Später, als infolge der Zügellosigkeit der Sitten, die Zahl der Bastarden wuchs und die Ehen seltener wurden, wurden die Mittel der Legitimation leichter. Valentinian und Theodosius legitimierten die Bastarden, welche in die Miliz der Dekurionen eintraten und die Mädchen, welche Dekurionen heirateten. Man nannte solche Art von Legitimierung „per oblationem curiae", d. h. durch Geschenk der Kurie. Es scheint, daß diese Miliz sich sehr schwer rekrutierte und um dem Mangel abzuhelfen, zog man die Bastarden durch die Legitimation an.

Der Kaiser Anastasius ging noch weiter. Er legitimierte die Kinder des Ehebruchs vonseiten des Gatten, wenn solcher von seiner Gattin keine legitimen Kinder hatte, und Justinian erklärte alle diejenigen für legitim, welche in irgend einem Dokumente von ihrem Vater Sohn genannt worden waren. Dieses bezog sich aber wohl nicht auf Abkömmlinge des Ehebruchs und der Blutschande. Es scheint dieses eine solchen Bastarden erwiesene Gunst gewesen zu sein, welche ihre Väter nicht anerkennen wollten. Was die Legitimation durch nachträgliche Ehe betrifft, so hatte sie ihren Ursprung in einer Konstitution von Konstantin.

Die Ehe, über welche ehedem die Zensoren wachten, deren Gedeihen und Erhaltung die Gesetze stets im Auge hatten, fiel endlich mit der allgemeinen Sittenverderbnis, und letztere verleibete den Bürgern die Heirat. Es mußte weit gekommen sein, wenn ein Metellus Numidicus in seiner zensierenden Anrede an das Volk folgende Worte sagen konnte: „Wenn es möglich wäre, keine Frauen zu haben, würden wir uns von diesem Übel befreien; aber, da die Natur es so eingerichtet hat, daß man kaum mit ihnen glücklich leben aber doch auch nicht ohne sie existieren kann, so müssen wir mehr Rücksicht auf unsere Fortpflanzung als auf vorübergehende Befriedigungen nehmen". Dies sollte eine Aufmunterung zur Ehe sein!

Die Sittenverderbnis vernichtete die Zensur, welche gegen erstere gerichtet war. Als zur Zeit von Cäsar, nach dem Bürgerkriege, der Zensus erhoben wurde, gab es nur noch hundertfünfzigtausend Familienhäupter. Die meisten Bürger waren nicht verheiratet. Um diesem Übelstande abzuhelfen, stellten Cäsar und Augustus die Zensur wieder her. Sie wollten selbst Zensoren sein, sie bekretierten verschiedene Verordnungen. Cäsar verlieh Belohnungen allen denen, welche viele Kinder hatten. Er verbot den Frauen, welche unter 45 Jahren waren, und die weder Gemahl noch Kinder hatten, Edelsteine zu tragen, sich einer Sänfte zu bedienen. Er griff das Cölibat an der Eitelkeit an.

Die Gesetze von Augustus waren noch einbringlicher. Er legte den Unverheirateten neue Verbote und Strafen auf und erhöhte die Belohnung derer, die Kinder hatten. Aber das Gesetz stieß auf viele Schwierigkeiten; und 34 Jahre, nachdem es gegeben war, verlangten die römischen Ritter dessen Abschaffung. Augustus ließ darüber abstimmen und die Verheirateten auf eine Seite treten und die Ledigen auf die andere. Da fand er zu seinem und dem allgemeinen Erstaunen, daß die Ledigen in viel größerer Zahl waren. Darauf sprach sie Augustus folgendermaßen an: „Während die Krankheiten uns so viele Bürger rauben, was wird aus der Stadt werden, wenn keine Heiraten mehr stattfinden? Die Stadt besteht nicht in den Häusern, ebn Säulenhallen, den öffentlichen Plätzen. Es sind Menschen, welche die Stadt ausmachen. Ihr werdet nicht, wie in der Fabel, Menschen sich aus der Erde erheben sehen, um eure Geschäfte zu besorgen. Es ist nicht um allein zu leben, daß ihr im Cölibate bleibt. Jeder von euch hat Tafelgenossinnen und Bettgenossinnen, und ihr suchet nur die friedliche Ruhe in eueren Regellosigkeiten.... Mein einziger Zweck ist die Forterhaltung der Republik. Ich habe die Strafen gegen die erhöht, die nicht gehorcht haben; und was die Belohnungen betrifft, so sind diese der Art, daß ich nicht weiß, ob der Tugend je größere zuteil wurden. Jedenfalls sind es viel geringere Belohnungen, welche Tausende veranlassen, ihr Leben zu wagen. Und solche Belohnungen sollten euch nicht bewegen eine Frau zu nehmen und Kinder heranzuziehen?!"

Augustus dekretierte das Gesetz, das nach ihm Julia und auch Julia Poppaea genannt ward. M. Poppius und Q. Poppaeus waren die Namen der Konsuln desselben Jahres.

Die Privilegien, welche den Verheirateten bewilligt wurden, waren sehr ausgedehnt. Diejenigen, welche die größte Anzahl von Kindern hatten, wurden bei der Bewerbung um Ehrenstellen stets vorgezogen. „Ut numerus liberorum in candidatis praepolleret quod lex jubebat" (Tacitus, l. II). So nahm der Konsul, welcher die meisten Kinder hatte, die Fasces zuerst; er hatte die Wahl der Provinzen. Der Senator, welcher die meisten Kinder hatte, wurde zuerst in den Katalog der Senatoren eingeschrieben u. s. w.

Man konnte vor dem vorgeschriebenen Alter zu Magistraturen gelangen, weil jedes Kind von einem Jahre dispensierte. Wenn man zu Rom drei Kinder hatte, war man frei von allen persönlichen Obliegenheiten. Die freigeborenen Frauen, welche drei Kinder hatten, und die Freigelassenen, die deren vier hatten, traten aus der anhaltenden Vormundschaft, worin die alten Gesetze Roms sie gebannt hielten.

Zur Seite dieser Belohnungen, gab es Strafen für

diejenigen, welche sich nicht verheirateten. Letztere konnten nach den Testamenten Nichtverwandter nicht erben; und die kinderlosen Ehemänner erhielten nur die Hälfte von einer Erbschaft.

In Rom scheint der wesentliche und fast ausschließliche Zweck der Ehe die Fortdauer des Staates gewesen zu sein. Dafür sprechen noch die Verordnungen, welche einem Sechziger verboten eine Fünfzigerin und besonders einem Fünfziger eine Sechzigerin zu heiraten. Man wollte keine unfruchtbaren Ehen.

Als das Christentum mit Konstantin den Thron bestieg, kam die bisher verfolgte Ehelosigkeit wieder zu Ehren und die ihr ungünstigen Gesetze kamen allmählich in Verfall oder wurden selbst in ihren wesentlichsten Bestandteilen ausdrücklich abgeschafft. Montesquieu erklärt diese Umwandlung folgendermaßen: „Philosophische Sekten hatten schon in das Reich einen Geist der Entfernung von Geschäften eingeführt. Daraus entsprang eine Idee der Vollkommenheit in Verbindung mit einem spekulativen Leben, eine Entfernung von den Sorgen und Mühen der Familie. Die christliche Religion, die nach der Philosophie kam, fixierte sozusagen die Ideen, welche letztere verbreitet hatte. Das Christentum gab seinen Charakter der Jurisprudenz".

Infolge des Einflusses dieser Prinzipien unterdrückte Konstantin die Strafen gegen die Ehelosigkeit. Justinian erklärte alle Heiraten für giltig, welche die früheren Gesetze verboten hatten. Nach letzteren war eine Wiederverheiratung Gebot. Gegen dieses Gebot bot Justinian benjenigen Vorteile, die sich nicht wieder verheirateten. Die papinischen Gesetze wurden zwar nicht formell abgeschafft, aber sie kamen allmählich außer Gebrauch und hörten endlich ganz auf vor dem wachsenden Einfluß der Kirche.

Eine andere wichtige Folge der Einführung des Christentums war das Gesetz, das dem Vater den Besitz des

Vermögens seiner Kinder nahm, und die Prärogative seiner Macht beschränkte. Man wollte die Abhängigkeit der Kinder entfernen und sie so vom Einflusse des Bestehenden befreien.

Es bleibt nur noch Einiges über die peinlichen Gesetze gegen den Ehebruch zu sagen. Diese waren in den ältesten Zeiten sehr streng in Rom gegen die Frau. Während die Gattin kein Recht hatte ihren Gemahl wegen Ehebruchs zu verfolgen, so rief letzterer, auf einen einfachen Verdacht hin, seine Frau vor ein häusliches Tribunal, von ihm selbst gebildet, und verurteilte sie, und zwar ohne Appellation gegen den Urteilsspruch. Er konnte sie selbst zum Tode verurteilen.

Das Gesetz der zwölf Tafeln, das die Ehescheidung von Griechenland einführte, modifizierte die Lage der Frau. Diese konnte, ihrerseits, ihren Gatten wegen Untreue anklagen und Trennung von ihm verlangen. Aber kein Gesetz hat später den Gatten des Rechtes beraubt, seine ehebrecherische Frau selbst zu verurteilen und zu bestrafen. Im allgemeinen aber scheint der Gatte die einfache Scheidung vorgezogen zu haben, denn die Geschichte liefert seit dem Bestehen des Gesetzes der zwölf Tafeln wenig Beispiele von solchen häuslichen Verurteilungen, während die Ehescheidungen so häufig wurden. Unter Theodosius wurde übrigens eine des Ehebruchs überführte Frau der Brutalität eines Jeden überliefert, der sie schänden wollte: eine Strafe, welche die Sitten verletzte, um Sittenverletzung zu strafen.

Die Gatten waren aber nicht die Einzigen, welche das Recht hatten, gegen Ehebruch Einsprache zu erheben. Der Staat, unter Vorwand der öffentlichen Moral, schritt ebenfalls ein, was die gräßliche, eben erwähnte Strafe erklärt. Konstantin bestrafte dieses Verbrechen mit dem Tode, beim verführenden Manne sowohl als bei der Ehefrau, und Justinian änderte nichts an dieser Gesetzgebung.

Einige Jahrhunderte früher war die Strafe weniger hart gewesen. Augustus war mit der Verbannung Ovids zufrieden, welcher des Ehebruchs mit Julia, des Kaisers Tochter, schuldig war. Die Mitschuldige Ovids wurde jedoch hingerichtet.

Obwohl der Zweck dieser Schrift in erster Reihe ist, ein Bild von der Ehefrau im Altertum zu entwerfen, so kann ich doch nicht umhin, ein Beispiel von der Stellung der Frau in Rom im allgemeinen hier anzuführen.

Weibliche Amanuenses oder Sekretäre oder „Schreiber aus Büchern" waren in Rom nicht ungewöhnlich. Vespasian hatte einen weiblichen Amanuensis, Antonia, die er sehr hoch achtete und in die er sein volles Vertrauen setzte. Selbst die christlichen Kirchenväter befolgten diesen Gebrauch, und Eusebius versichert, daß Origen nicht nur junge Männer, sondern auch junge Frauen hatte, seine Werke abzuschreiben, was sie „mit ganz besonderer Zierlichkeit thaten". Unter den Anschuldigungen, die der römische Satiriker gegen Ende des ersten Jahrhunderts, Juvenal, gegen die römischen Frauen seiner Zeit vorgebracht, ist die ihrer Gelehrsamkeit: er greift bitter ihre Vermessenheit an, Griechisch zu studieren, selbst ihre familiärsten Gespräche mit eleganten griechischen Idiomen und Phrasen zu durchspicken; und unter ihren andern Verbrechen erworbener Fertigkeit, beschuldigt er sie ferner in das exclusiv männliche Geistesvorrecht einzugreifen, indem sie philosophische Fragen diskutieren, Lieblingsautoren und Scholiasten zitieren, er wirft ihnen ihren Purismus in affektierter grammatikalischer Korrektheit und ihre antiquarischen sprachlichen Forschungen vor. Über das Wort antiquarisch bemerkt ein alter Kommentator: Antiquarius, einer der altertümliche Bücher verfeinert oder vor Korruption bewahrt, einer der die „alten Dichter und Historiker studiert, einer der alte Münzen, Statuen oder Inschriften von Steinen studiert; endlich solche, die obsolete und veraltete Wörter gebrauchen". Solche Arten antiquarischer Neigung sind als Übertriebenheiten und Vorwitz anzusehen, beim Weibe aber als ein absoluter Fehler — so meinte Juvenal.

Ich konnte in diesem Kapitel nur ein ganz übersichtliches Bild von der Stellung der Ehefrau während vieler Jahrhunderte in Rom und Italien entwerfen.
In den letzten Jahrhunderten des Römischen Reichs kämpften lange die neuen christlichen Anschauungen hinsichtlich der Stellung der Frau mit den alten heidnischen Ansichten, Begriffen und Gewohnheiten, bis endlich das Christentum siegreich aus dem Kampfe hervorging und für die Frau eine neue Ära begann.

Viertes Kapitel.

Die Frau in Paläſtina.

Die Hebräer.

Schon im Alten Teſtament machen uns die Hebräer mit dem Range bekannt, welchen die Frau in der israelitiſchen Familie einnahm. Eva aß von der verbotenen Frucht, ſie ließ ſich von der Schlange verführen, dafür ſagte Gott zu ihr: „Du ſollſt unter der Gewalt des Mannes ſein und er wird über dich herrſchen".

Die Bedeutung dieſes Textes iſt klar. Die Frau iſt ein gefallenes Weſen, das für ſein Verbrechen unter ihren Mitſchuldigen geſtellt wurde, welcher weniger ſchuldig ſein ſollte. Der Fluch ruht auf ihr und allen ihren weiblichen Nachkommen.

Dieſer Fluch ging an der Frau in Erfüllung. In den fernſten Zeiten der hebräiſchen Geſellſchaft erſcheint ſie als die Dienerin des Mannes.

Vor Moſes war die Gewalt des Gatten und Vaters unbegrenzt. Der Vater war der Beſchützer und Richter ſeiner Familie. Seine Befehle kannten keine andern Vorſchriften als ſeinen Willen, und ſein Wille war unwiderſtehlich. Abraham empfängt Agar von den Händen ſeiner Gattin. Sodann, auf die eiferſüchtigen Bitten letzterer, verſtößt er ſie, nachdem er der Sarah alle Gewalt über sie gegeben hatte. Sarah will, daß man sie fortjage, und Abraham schickt Agar fort. Seine Gewalt war so absolut, daß er Ismael, seinen Sohn, von seiner eigenen Familie ausscheidet und Isaak seinen andern Sohn Gott opfern will. Isaak erklärt seinen jüngern Sohn Jakob zum ältern und zu seinem Nachfolger an der Stelle Esaus. Der Familienvater war unbeschränkt, und die Bibel ist reich an Beispielen der despotischen Gewalt desselben. Er war Herr über Leben und Tod und Freiheit. Er wählte und gab seinen Söhnen selbst die Frauen. Er gab seine Töchter und Sklavinnen andern. Die Frau war in den früheren Zeiten ihr ganzes Leben unmündig. Selbst die Ehe emanzipierte Gatten und Gattin nicht von der väterlichen Autorität.

Zur Seite der Gewalt des Vaters war in den ältesten Zeiten die Gewalt der Mutter über ihre Kinder sehr beschränkt. Besonders der älteste, der erstgeborene, welcher der Universalerbe war, entging der Macht der Mutter gänzlich. Es war der Vater, der ihm den Namen gab und der ihn von der Wiege an segnete. Die jüngeren waren weniger unabhängig von der Mutter, wie das Beispiel von Jakob beweist. Die Mutter gab ihnen Namen und beaufsichtigte sie.

Bis zu Jakob hatte der Patriarch nur einen Erben und dieser war sein Sohn. Die andern waren die Kinder seiner Frauen. Diese waren dem mutmaßlichen Erben als Diener unterworfen und hatten sich vor ihm zu verneigen. „Die Söhne deiner Mutter seien deine Sklaven" sagte Isaak zum Bruder Esaus. Ismael galt als der Sohn Abrahams so lang Sarah unfruchtbar war. Sobald aber Isaak geboren war, galt Ismael nur als der Sohn einer Magd; und dieses Kind, das so große Gewalt erben sollte, trug vom väterlichen Hause nur ein Stück Brot und eine Kürbisflasche voll Wasser, — alles was man Agar, seiner Mutter, mitgab.

Der einzige Erbe schien demnach in den ältesten Zeiten der eigentliche Familiensohn gewesen zu sein. Die andern Kinder gehörten mehr der Mutter. Diese, wie gesagt, und nicht der Vater, gab ihnen ihre Namen, auch folgten sie in der sozialen Stellung nur der Mutter, wie Ismael. Später, als der Vater alle seine Kinder benannte, verschwand diese Anomalie. Es blieb aber noch eine Spur davon. Die Kinder einer Sklavin und eines freien Mannes waren Sklaven, wie ihre Mutter. Der freie Mann hatte nur die Kinder seiner freien Frau zu Söhnen.

Die Frau war bei den Hebräern, wie bei allen Asiaten und auch den Athenern in den früheren Jahrhunderten ihrer Geschichte ganz abhängig, ihre Rechte waren sozusagen null im Hause ihres Gatten und ihres Vaters, und alle Privilegien hingen einzig vom guten Willen und der Gunst der vorigen ab. Es konnte dies kaum anders sein. In allen Ländern, wo die Polygamie gebräuchlich ist, sinkt die Frau zur Magd herunter, ist der Mann der Herr und Meister, und die Macht, die er in seinem Hause hat, ist unbeschränkt. Unter den Hebräern war die Polygamie durch Gebrauch und Gesetz autorisiert. Moses reduzierte zwar die Polygamie auf vier gesetzliche Frauen, nebst einer unbestimmten Anzahl Konkubinen. In späterer Zeit aber geriet diese Regel in Vergessenheit, besonders unter David und Salomo. Der Talmud hat später auch versucht, die Zahl der Frauen, welche ein Israelit haben durfte, zu beschränken. Aber vor der Zeit des Talmud war, trotz der Vorschrift von Moses, die Zahl unbegrenzt und hing ganz vom Vermögen des Mannes ab. Lamech hatte zwei Frauen, Abraham hatte deren drei, Jakob drei, darunter zwei Schwestern, Esau drei, Samuel zwei, David acht, Salomon hatte deren **tausend**.

Bei den Hebräern existierte das Konkubinat in unserem heutigen Sinne nicht. Alle ihre Frauen waren sozusagen legitim. Konkubine und Gattin sind in der Bibel oft ein und dasselbe, wie man im Kapitel 19 des Buches der Richter sehen kann. Wenn die Bibel sagt, daß Salomon unter seinen 1000 Frauen 300 Konkubinen hatte, so bedeutet dies wohl solche Frauen, welche wegen ihres Ursprungs als Sklavinnen oder als Fremde oder aus irgend einer andern Ursache, nicht den Titel „Königin" besaßen. Salomon hatte demnach 1000 Gattinnen, von denen 700 Königinnen und 300 nur Beischläferinnn waren. Nach dem Gesetz schloß Sklaverei von der königlichen Würde aus, und die Sklavin wurde durch die Heirat mit einem freien Manne nicht einmal frei.

Die Polygamie dauerte bei den Hebräern lange nach der Zerstörung von Jerusalem fort; aber schon sehr frühe, schon in der Familie Jakobs, zeigten sich ihre nachteiligen Folgen, wie heute noch im Orient, durch Haß und Mord von Brüdern, welche von verschiedenen Müttern kamen; Josefs beabsichtigter Mord und Verkauf sind davon ein Beispiel. Im 5. Jahrhundert unserer Zeitrechnung begann die Polygamie unter den Juden abzunehmen. Ein Gesetz von Theodosius, vom Jahre 393, verbot den Hebräern, sich nach ihren Gebräuchen zu verheiraten, was sich nur auf die Pluralität der Ehefrauen beziehen konnte, da die jüdische Heirat, mit Ausnahme dieses Umstandes, in Nichts gegen die römisch-griechischen Sitten und Gesetze verstieß.

Das Cölibat war bei den Juden verpönt, wie bei den Griechen. Die Zeloten, in ihrer Liebe zur ewigen Dauer Israels, verglichen es mit dem Morde, da es, wie dieser, die Gesellschaft um Mitglieder bringen, die ihr angehören sollten.

Die Frauen hielten es für einen Fluch Gottes, wenn sie, nach dem Alter der Reife, Jungfrauen bleiben mußten, und die Männer hätten sich lieber mit der ersten besten verheiratet als über das Alter von zwanzig ledig zu bleiben. Achtzehn für Mädchen, zwanzig für Männer galt schon für sehr alt.

Da während der langen Geschichte der Hebräer die Stellung der Frau sich änderte und allmählich hob, gerade wie unter den anderen gleichzeitigen zivilisierten Völkern, so ist es nicht leicht in einer Skizze, wie diese, ihre Stellung in den verschiedenen Perioden genau zu beleuchten und zu behandeln. Es ist gesagt worden, daß die Heiraten sich durch den Vater machten und daß er seine Kinder verheiratete. Aber die Macht des Vaters hatte insofern eine Grenze, als er nicht das Recht hatte, seine Kinder, sobald sie das Alter erreicht hatten, am Heiraten zu verhindern. Diese gehörten demnach der Gesellschaft vor dem Vater, und letzterer hatte den Geboten derselben Folge zu leisten.

In den meisten Fällen machten sich die Heiraten, ohne daß das Paar sich kannte, wie heute noch im Oriente. Manchmal fand die Verlobung sechs Monate bis ein Jahr, selbst zwei Jahre vor der wirklichen Heirat statt. Die Heirat selbst durfte sich erst zur Zeit der Reife vollziehen. Es scheint, daß nach der Verlobung und selbst vor der wirklichen Heirat, die Verlobte den Namen Gattin annahm. Die jüdische Verlobung, besser Antrauung genannt, hat mit unserer heutigen deutschen Verlobung nichts gemein; die jüdische war der erste Akt der Trauung. Diese Verlobung oder Antrauung fand auf dreierlei Weise statt: mittelst der Übergabe eines Geldstücks — durch geschriebenen Vertrag — durch konjugale Verrichtung. Letztere Weise kam später außer Gebrauch.

Wenn der Verlobungsakt schriftlich gemacht wurde, so hatte er die Zustimmung des künftigen Gatten auszusprechen, das Versprechen der Mitgift als Preis der Jungfrauschaft, das vom bestimmten Gatten gegebene Wort, in seinem und seiner Erben Namen, für die Verbindlichkeiten einzustehen, welchen er sich unterzog, endlich alle seine Pflichten gegen seine Frau zu erfüllen. Drei Zeugen unterzeichneten den Akt.

Die Verlobung wurde auch in Gegenwart von Zeugen

vermittels eines Geldstückes geschlossen. Der Bräutigam bot es der Braut mit den Worten: „Sei hiermit meine Frau". Wenn die Braut das Stück ohne diese Formel angenommen hätte, so würde die Verbindung nichtig gewesen sein. Das Geldstück konnte durch irgend einen andern Gegenstand von demselben Werte ersetzt werden. Aber das Anerbieten, anstatt des Geldstückes, von Dingen, welche das Gesetz verbot, machte die Verlobung nichtig.

Einige Historiker behaupten, daß, so lang als die Verlobung durch konjugale Verrichtung bestand, ebenfalls die Gegenwart zweier Zeugen erforderlich war, und eine Erklärung vonseiten des Bräutigams in folgender Weise: „Ecce sis mihi sponsa ex hoc coitu". Später aber wurden von jüdischen Gesetzgebern solche Verlobungsakte als unsittlich verboten.

Es gab auch bedingte Verlobungen, welche gewissen Bedingungen unterworfen waren. Selden, in seinem Werke: „Uxor Hebraica" (l. II. c. 5) giebt davon eine interessante Beschreibung und zeigt, wie sehr die alten Juden Sklave des Buchstabens waren.

Die Verlobung konnte auch durch Prokuration, durch Unterhändler stattfinden. Die von Isaak und Rebekka hatten diesen Charakter. Sie war aber nichtig, wenn die Braut durch Zwang oder Furcht dazu gebracht wurde. Auch wenn die vorgeschriebenen, gebräuchlichen Formeln nicht ganz genau die Besitzergreifung der Frau vonseiten des künftigen Gatten ausdrückten, war sie nichtig. Wenn z. B., anstatt zu sagen: „Sei meine Gattin", der Mann nur sagte: „Ich werde dein Gatte sein", so war es keine wirkliche Verlobung.

Keine der verschiedenen Verlobungsarten gab dem Manne irgend ein Recht auf das Eigentum der Frau, sondern nur auf ihre Person; und obgleich der letzte Akt der Trauung noch nicht vollzogen war, so war die Braut schon derart gebunden, daß Umgang mit einem andern vom Gesetz wie Ehebruch, selbst mit dem Tode bestraft wurde.

Das Recht, eine Person mit einer andern zu verloben, gebührte dem Vater allein. Wenn kein solcher vorhanden war, gehörte es der Mutter, und wenn diese fehlte, dem Vormunde und selbst den Brüdern. Es konnten aber die künftigen Eheleute, nachdem sie das Alter der Pubertät erreicht, zwölf Jahre und ein Tag für Mädchen, dreizehn für Knaben, ohne Beteiligung letzterer heiraten. Aber die Zustimmung des Vaters war erforderlich.

Die Verlobung zwischen Solchen, welche noch nicht das Alter der Reife erreicht, konnte, sobald sie dasselbe erreicht, annulliert werden.

Die Hebräer, obgleich das religiöseste Volk der Welt, drückten der Ehe nicht das Siegel der Religion auf. Sie war bei ihnen ein Zivilvertrag, den man in Gegenwart von Verwandten und Freunden einweihte. Der Segen des Vaters war der Trauungssegen.

In dem Ehevertrag, vor der Feier der Heirat entworfen, waren 200 Zuzim erwähnt, welche der Gatte sich seiner Frau zu geben verpflichtete, als Preis der Jungfrauschaft, und nebstdem noch solche Gaben, die er freiwillig versprach. Zuzim, Plural von Zus oder Zusa, ist eine althebräische, ursprünglich syrische, Münze, der vierte Teil eines Shekel, vom Werth von etwa $^1/_4$ Thaler; 200 Zuzim ist daher etwa so viel als $140^1/_2$ Mark. Bei der allmählichen Entwertung des gemünzten Geldes muß man die Summe heute wenigstens verzwanzigfachen, um eine Idee von der Wertschätzung der Jungfrauschaft bei den alten Juden zu bilden. Bei Heirat mit einer Witwe oder repudiierten Frau, wurde die obige Summe nicht bezahlt.

Aber weder der Vertrag, noch der Segen des Vaters machte die Heirat aus. So lang als die Frau nicht ins Ehebett geführt worden, war sie nur Braut. Sobald als der Kontrakt gezeichnet war, hatte der Mann das Recht, die Frau in sein Haus zu führen. Gewöhnlich aber that er dies erst nach einigen Tagen.

Das Gesetz erlaubte nicht die Ehe mit jeder Person. Nahe Verwandtschaft, Verschiedenheit der Religion und der Nation waren unter anderm Ursachen des Verbotes. Das Gesetz verbot die Ehe zwischen Vater und Tochter, Mutter und Sohn, Bruder und Schwester, Enkelin und Großvater, Enkel und Großmutter, Neffe und Tante. Aber von der Ehe zwischen Onkel und Nichte sagt Moses nichts. In einem Staate, wo der Gatte der Herr der Frau war, begreift man besser die Ehe des Onkels mit der Nichte, als die des Neffen mit der Tante. Das Gesetz verwarf auch die Ehe des Sohnes und der Stiefmutter, des Stiefvaters und der Tochter, des Schwagers mit dessen Schwiegermutter, der Schwiegertochter mit ihrem Schwiegervater, der Tante mit dem Gatten ihrer Nichte, des Neffen mit der Frau seines Onkels, oder mit der Schwester, Tochter oder Enkelin der Gattin, ferner die Ehe mit der Witwe des Bruders, wenn er nicht ohne Kinder gestorben war. Jakob aber heiratete zwei Schwestern, Lea und Rachel, und Amram heiratete seine väterliche Tante. Aber dieses geschah vor der Promulgation des Gesetzes.

Jedwede eheliche Verbindung mit einer Prostituierten war unter strengster Strafe verboten. Die Kinder solcher Frauen waren nicht legitim. Es war ebenfalls einem freien Manne verboten eine Bastardin zu heiraten, sowie einer freien Frau einen Bastarden zum Gatten zu nehmen. Das Gesetz verdammte die dagegen Handelnden zur Geißelung. Man erlaubte aber einem Bastarden eine Sklavin zu heiraten. Die Kinder der Sklavin folgten der Mutter in ihrer sozialen Stellung. Wurde sie befreit, so wurden die Kinder frei, wo nicht, so blieben sie Sklaven. Selbst wenn der Mann einer Sklavin ein Sklave war und blieb, und die Frau frei wurde, so wurden seine Kinder frei. Auch Proselyten durften Bastarden heiraten; aber die

Kinder solcher Ehe blieben auf immer mit dem Siegel des Bastardentums bezeichnet.

Eine Sklavin wurde durch Ehe mit ihrem Herrn nicht frei, noch ihre Kinder, die in solchem Falle nur der Mutter gehörten. Der Herr aber konnte seine Frau frei erklären. Dann nahmen die Kinder seinen Namen an. Dies war die einzige Art, die Kinder anzuerkennen. Die Sklaven durften nicht heiraten ohne Zustimmung ihres Herrn.

Was die Ehe des Bruders mit der Witwe seines verstorbenen Bruders betrifft, so war angeordnet, daß, wenn ein Bruder kinderlos sterben sollte, ein überlebender Bruder sie zur Frau zu nehmen und, um des Verstorbenen Namen fortzusetzen, dem ersten Kinde von ihm und der gewesenen Witwe den Namen des verstorbenen Bruders zu geben hatte. Eine solche Witwe konnte, wenn der lebende Bruder ihres verstorbenen Mannes sie nicht heiraten wollte, sich bei dem Stadtthore vor den Ältesten des Volkes einstellen und ihnen erklären: „Der Bruder meines Gatten will seinem Bruder keinen Namen in Israel erwecken, noch mich zur Frau nehmen". Sogleich riefen die Alten den überlebenden Bruder vor sich und frugen ihn. Wenn er antwortete, daß er sie nicht zur Frau haben wollte, näherte sich ihm die Witwe und, in Gegenwart der Alten, nahm sie ihm seine Schuhe von den Füßen, speite ihm ins Gesicht und sagte: „So geschehe jedem Manne, der das Haus seines Bruders nicht wiederherstellt". Und von nun an ward er in Israel nur unter dem Namen „Entschuhter" gekannt (V. Buch Moses, Kap. 25). Es wurde sodann eine Urkunde aufgesetzt und die Witwe für frei erklärt. Sie konnte nun einen andern heiraten.

Was anfangs das Gesetz nur dem Bruder vorschrieb, verlor später an Strenge. Aber der Gebrauch dehnte die Vorschrift auch auf die nächsten Verwandten aus. Das Gesetz Solons, das unter den nächsten Verwandten gleichbindend war, war vom spätern jüdischen wenig verschieden.

Obiges Gesetz band aber nur die Vollblutsbrüder und nicht die sogenannten Uterinbrüder. Wenn der verstorbene Bruder mehrere Frauen hinterließ, reichte es hin, eine davon zu heiraten oder sie öffentlich zu verweigern, um dem Gesetze genug zu thun. Wenn nur eine Witwe vorhanden war und mehrere Brüder des Verstorbenen lebten, sollten, nach der Ansicht einiger Bibelgelehrter, wenn einer von ihnen sie verweigerte, die andern ihrer Verpflichtung entbunden gewesen sein. Dagegen spricht jedoch das Beispiel von Boaz, welcher sich verpflichtet glaubte, Ruth zu heiraten, selbst nach der Weigerung eines näheren Verwandten als er.

Wenn die Gattin des Verstorbenen die Tochter des überlebenden Bruders war, so hatte natürlich das Gesetz keine Kraft. Auch wenn die Gattin des Verstorbenen die Schwester einer Gattin des Ueberlebenden war, so soll er von der Verpflichtung, sie zu heiraten, dispensiert gewesen sein. Die Blutsverwandtschaft aber einer einzigen der hinterlassenen Witwen dispensierte den Bruder, sich mit irgend einer der andern zu verbinden.

Was das Eigentum des verstorbenen, kinderlosen Bruders betrifft, so gehörte es in Gesamtheit dem Erstgeborenen der sogenannten Leviration, d. h. dem ersten Sohne, welcher der Ehe der mit dem Bruder des Verstorbenen verheirateten Witwe entsprang. Dieser Sohn folgte seinem verstorbenen Onkel, mit Ausschluß seines wirklichen Vaters und der andern Brüder. Moses schuf diesen Gebrauch nicht, er erhob ihn nur zum Gesetz. Der Gebrauch bestand schon zur Zeit von Juda, dessen Sohn Onan davon einen Beweis gab. Er wollte seinem Bruder keine Nachkommenschaft geben, die seinem Namen die Rechte der Erstgeburt geraubt haben würde.

Die Könige und Hohenpriester waren der Verbindlichkeit, die Witwe ihres Bruders zu heiraten, nicht unterworfen. Wahrscheinlich wollte man ihre geheiligten Personen der Strafe des Gesichtsspeiens nicht unterwerfen im Falle der Weigerung. Zudem behaupten die Rabbiner, daß die Priester nur Jungfrauen heiraten konnten.

Obgleich nicht expreß verboten, waren die Ehen mit Fremden sehr ungern gesehen, und mit gewissen Nationalitäten waren sie untersagt, zum Beispiel mit den Chanaensern und lange Zeit mit den Amalekitern, welche sich hart gegen die Israeliten in der Wüste gezeigt hatten. Die Verschiedenheit der Religion war natürlich das Hindernis bei Ehen mit Fremden. Salomon, der Weise, hatte jedoch mehr als eine Fremde, unter anderen eine Ägypterin, als Frau, und Ruth war eine Moabitin und wurde Ahnfrau von David. Die Heiraten von Hebräern mit Töchtern Fremder waren demnach nicht ausschließlich durch das Gesetz verboten.

Eine Frau oder ein Mädchen, welche Erbin geworden, konnte indeß nur einen Mann ihres eigenen Stammes, nicht einmal ihrer Nation heiraten, um Vermögen und Erbschaften in den Familien zu erhalten.

Die Repubiation der Frau bestand auch unter den Juden, wie unter den meisten Völkern der alten Zeiten. Abraham hat das erste uns bekannte Beispiel davon gegeben, indem er Agar verstieß, einzig infolge der Eifersucht der Sarah. Moses bietet ein anderes Bild davon dar, denn er verstieß die Tochter von Jethro, um eine Äthiopierin zu heiraten.

Das Gesetz über die Repubiation, wie es im 5. Buche Moses, Kapitel 24 geschrieben steht, lautet folgendermaßen: „Wenn Jemand ein Weib nimmt und ehelicht sie, und sie nicht Gnade findet vor seinen Augen, um etwa einer Unlust willen, so soll er einen Scheidebrief schreiben und ihr in die Hand geben, und sie aus seinem Hause lassen. Wenn sie dann aus seinem Hause gegangen ist und hingeht und wird eines andern Weib, und derselbe andere Mann ihr auch gram wird, und einen Scheidebrief schreibt und ihr in die Hand giebt und sie aus seinem Hause lässet; oder so derselbe andere Mann stirbt, der sie ihm zum

Weibe genommen hatte, so kann sie ihr erster Mann, der sie ausließ, nicht wiederum nehmen, daß sie sein Weib sei, nachdem sie unrein ist; denn solches ist ein Greuel vor dem Herrn, auf daß du das Land nicht zu Sünden machest, das dir der Herr, dein Gott, zum Erbe gegeben hat."

Demnach war der Mann allein der Richter seiner Frau; er behielt sie, oder verstieß sie, je nach seinem Gutdünken, und ohne andern Beweggrund als seine Laune. Hillel, ein Rabbiner, sagt in seiner Auslegung obigen Textes, daß alles, was dem Gatten in den Handlungen seiner Frau, in ihrem Charakter, in ihrer Leibesbeschaffenheit, mißfalle, ein gerechter Grund der Verstoßung sei: selbst Unzufriedenheit mit ihrem Kochen reiche hin. Andere Ausleger der Schrift gehen noch weiter, und ihnen genügt schon als Berechtigung zur Verstoßung: wenn die Gattin nicht genug gefällt, oder eine andere dem Gatten besser gefällt.

Der Frau erkannte jedoch das Gesetz das Recht der Repudiation nicht zu. Sie hatte nicht einmal das Recht der Klage. Sie war die Untergebene ihres Mannes, vor dem sie sehr oft verschleiert, wie vor Gott, erschien. Das einzige bekannte Beispiel einer Repudiation des Mannes vonseiten seiner Frau unter den Hebräern gehört der Zeit der Regierung von Augustus an, eine Zeit, wo Judäa den Römern unterworfen war. Zu dieser Zeit repubierte Salome, Schwester des Herodes, ihren Gatten Costobar: „eine That" — sagt Josephus (liv. 15, Kap. 7, § 9) — „unseren Gesetzen zuwider, welche dies nur den Gatten erlauben".

Einige Rabbiner haben behauptet, daß, in gewissen Fällen, die Frau, wenn nicht Repudiation, doch Trennung von ihrem Gatten verlangen konnte, wenn zum Beispiel letzterer am Aussatze litt, oder aus Mund und Nase einen stinkenden Geruch ausatmete, einen Polypen ꝛc. hatte,

vorausgesetzt jedoch, daß die Frau vor ihrer Heirat von
olchem Gebrechen nichts wußte, und seitdem nicht zu lange
gewartet, ehe sie ihre Klagen einbrachte. Diese Angaben
stehen jedoch nicht in Einklang mit den Gesetzen von Moses.
Das 5. Buch Moses (Kap. 22, 13—20) führt einen
Umstand an, wo es dem Gatten nicht erlaubt war, seine
Frau zu verstoßen. Wenn ein Gatte letztere vor ihrem
Vater angeklagt, daß sie zur Zeit der Verheiratung keine
Jungfrau mehr gewesen, und wenn diese Anschuldigung
sich als falsch herausstellte, so wurde der Gemahl zu
Rutenhieben verurteilt, hatte dem Vater der Frau eine
Buße von hundert Shekel Silber* zu bezahlen und verlor
für immer das Recht, sie zu verstoßen.

Die Schwangerschaft selbst war kein Hindernis der
Verstoßung, und der Mann konnte seine schwangere Gattin
fortjagen, ohne irgend welche Entschädigung oder Vergütung.

Es versteht sich von selbst, daß von allen Ursachen
der Repudiation Ehebruch die erste war. In keinem Falle
dieser Art wurde die Zeugenaussage der Frauen, der
Kinder, Sklaven, Eunuchen und Proselyten vor den Tribu=
nalen zugunsten der Frau zugelassen; aber gegen sie
wurden sie angenommen. Bei allen andern Fällen waren
zwei Zeugen absolut nötig. In diesem Falle war ein
Zeuge hinreichend; und um die Aussage eines solchen
einzigen Zeugen umzustoßen, bedurfte es, wie in andern
Fällen, nicht nur eines, sondern wenigstens zweier Gegen=
zeugen.

Das 5. Kapitel des 4. Buches Moses enthält einige
Stellen, welche ein besonderes Licht auf die Stellung der
althebräischen Gattin werfen, und welche ich hier in
Abkürzung anführe. Demnach konnte der Mann, dessen

---

* Ein Silberschekel hat etwa den Wert von zwei und einhalb
Mark, ein Goldschekel von 36 Mark 50 Pfg. Hundert Silberschekel
ist etwa soviel als 250 Mark.

Frau im Verdacht stand, mit einem andern Manne gesündigt zu haben, und welche ersterer nicht bei der That ertappen konnte, bei Mangel an Zeugen, wenn der Geist der Eifersucht ihn gegen die Gattin antrieb, sich versichern, ob sie befleckt war, oder ob nur ein unbegründeter Verdacht obwaltete. Für einen solchen Fall — so befahl der Herr selbst dem Moses — führte der Mann seine Gattin vor einen Priester, überreichte ein Opfer in Gerstenmehl, das letzterer dem Herrn zu opfern hatte. Darauf nahm der Priester heiliges Wasser und mischte Staub hinein vom Pflaster des Tempels. Die Frau blieb aufrecht, das Haupt unbedeckt, vor dem Herrn und hielt die Opfergabe der Eifersucht in ihren Händen. Der Priester, nachdem er Flüche über die bitteren Wasser ausgesprochen, die er vor ihr hielt, sprach zur Frau: „Wenn ein fremder Mann nicht mit dir gelegen, wenn du nicht befleckt, werden dir die bitteren Wasser, die ich verflucht, nicht schaden. Wenn, im Gegenteil, du deinem Manne untreu gewesen, wenn du befleckt bist, und mit einem andern Manne gelegen, so werden dieselben Verwünschungen auf dich herabfallen, und der Herr, um mit dir seinem Volke ein Beispiel zu geben, wird machen, daß deine Schenkel in Fäulniß übergehen, deine Hüfte schwinde, dein Bauch schwelle, dein Busen sich ausdehne und berste". Darauf antwortete die Frau: Amen, Amen. Der Priester schrieb darauf seine Verwünschungen auf ein Täfelchen, verwischte sie mit bitterem Wasser und gab sodann die bittern Wasser der beschuldigten Frau zu trinken. Nachdem sie dieselben getrunken, nahm der Priester von ihren Händen die Opfergabe der Eifersucht . . . . . und wenn sie des Ehebruchs schuldig, so drangen die bittern Wasser in ihre Eingeweide und versetzten ihren Busen in Fäulniß. Wenn, im Gegenteil, sie unschuldig war, so schadeten ihr die bittern Wasser nicht, und sie konnte schwanger werden.

Wenn nach Verlauf von zehn Monaten von dem

Tage an, wo ihr Gatte aus Eifersucht oder Laune, sie des Ehebruchs angeklagt und ihr obige Probe auferlegt, die Frau das Unglück hatte, nicht schwanger zu werden, so war es um sie geschehen. Ihr Busen war faul, und sie ward gesteinigt, und ihr Name blieb mit Schmach bedeckt.

Lächeln wir nicht über diesen abergläubigen Gebrauch der alten Juden in längstvergangenen Zeiten. Wir brauchen nicht weiter als hundertfünfzig Jahre zurückzugehen, um in den gebildetsten, christlichen Ländern einen Aberglauben zu finden, welcher Millionen von Unschuldigen das Leben gekostet und in welchen die Besten und Gebildetsten verstrickt waren — der Hexenglaube.

Es bleibt nun noch einiges über das Eigentum zu sagen, welches bei den Hebräern der Frau gehörte.

Die Hebräer, von den frühesten Zeiten an bis zu ihrer Zerstreuung, kauften ihre Frauen. Abraham kaufte die seines Sohnes Isaak um zwölf Goldshekel (etwa 438 M.), in Gestalt von Armbändern und Ohrgehängen. Lea und Rachel kosteten Jakob vierzehn Jahre Dienst. Sichem, um Dina, die Tochter Jakobs, zu haben, ließ sich mit seinem ganzen Volke beschneiden. Man weiß, welchen sonderbaren Kaufpreis dem David für die Michal der König Saul festsetzte. Er verlangte nämlich von David hundert Vorhäute von Philistern. David aber zählte ihm zweihundert Stück vor. (Samuel 1. c. Kap. 18, 25 und 27).

Man ersieht aus einer großen Anzahl von Beispielen, die hier nicht aufgeführt werden können, daß man nicht allein die Frau mit Geld, sondern selbst mit irgend einem Wertgegenstande kaufte. Später wurde dieser Wert auf zweihundert Zuzim (145 M.) für eine Jungfrau festgesetzt und auf hundert, ja selbst nur fünfzig Zuzim für eine Witwe (etwa $72\frac{1}{2}$ bis $37\frac{1}{2}$ Mark). Diese Summe ist jedoch nach dem heutigen Geldwert bedeutend mehr. Der Kaufpreis blieb in den Händen des Gatten, welcher ihn, wie alle andern Besitztümer seiner Frau, in Verwahrung hatte bis zu seinem Tode oder bis zur Repudiation derselben. Im einen oder andern dieser zwei Fälle konnte die Frau ihren Brautschatz zurückziehen, aber erst nachdem man davon einen Wert, gleich dem der Kleidungsstücke und Putzsachen, die sie mitnahm, abgezogen hatte.

Wenn der verstorbene Mann mehrere Frauen hinterließ, so kamen die Rechte der ersten vor denen der zweiten, die der zweiten vor denen der dritten u. s. f., in der Weise, daß die zweite nicht bezahlt wurde, bis die erste es vollständig war. Die beweglichen Vermögensgegenstände allein wurden gleich unter allen verteilt. Die Frau endlich hatte keine Rechte auf die Verbesserungen, die in dem Besitz nach dem Tode ihres Gatten eintraten.

Es darf hier jedoch nicht übergangen werden, daß die geringsten Vorwände genügten, um eine Frau ihres Brautschatzes gänzlich zu berauben. Die meisten der Ursachen der Repudiation beraubten sie desselben ohne Gnade. Zu solchen Ursachen gehörten unter andern folgende: mit einem unverheirateten Manne spielen, in ein öffentliches Bad gehen, außerhalb ihres Hauses spinnen, mit unbedecktem Haupte ausgehen 2c. Was diejenige betrifft, welche die eheliche Pflicht verweigerte, so verlor sie erst einen Bruchteil von dem Brautschatz und, wenn sie fortfuhr, wurde sie ohne Entschädigung verstoßen. Die ehebrecherische Frau verlor nicht nur ihren Brautschatz, sondern ihr Mann war verpflichtet sie zu verstoßen, unter Strafe der Geißelung an ihm selbst.

Außer dem Heiratsgut oder Brautschatz konnte die Frau eine zweite Art von Besitztum haben, das sie bei der Heirat von ihrer eigenen Familie erhielt. Man weiß, daß, indem sie Rebecca in die Hände von Eliezer gaben, ihre Eltern ihr sehr reiche Geschenke machten. Dieser Besitz war nicht botalisch sondern paraphernalisch, d. h. Nebengut der Ehefrau, ein Umstand den man sehr schwer mit der allgemeinen Organisation der häuslichen Macht des Gatten in Einklang bringen kann. Solcher Besitz wurde im Vertrag spezifiziert, und der Gatte mußte dafür bürgen.

Alle diese Besitztümer waren als solche des Gatten angesehen. Wenn er starb, konnte die Frau dieselben erst an sich ziehen, nachdem sie bewiesen hatte, daß sie ihr gehörten. Wenn der Gatte im Vertrage den Brautschatz und das Nebengut der Gattin anerkannt hatte, so besaß letztere von ihrer Heirat an eine Hypothek über alle Güter des Gatten.

Aus dem Vorhergehenden ergiebt sich, daß in den früheren Zeiten bei den Hebräern, wie bei den meisten gleichzeitigen Völkern, die Frau in der Familie eine sehr untergeordnete Stellung einnahm. Die Rolle der alt-jüdischen Frau war hauptsächlich die Gerichte ihres Mannes zu bereiten, das Korn zwischen den Steinen zu zerreiben, um Brot damit zu machen, Wolle zu spinnen, zu nähen, flicken, auszubessern und Kinder zu gebären. Im Staate war sie noch weniger als in der Familie. Jedwede Art von bürgerlichen Funktionen war ihr versagt. Eine Frau war jedoch Richterin, Debora. Aber dies war nur durch außergewöhnliche Gnade Gottes. Eine andere, Athalia, war Königin, aber trotz des Gesetzes und durch Usurpation; denn die Frau war vom Throne ausgeschlossen, und nur der Mann dafür bestimmt (5. Buch Moses, Kap. 17). Die Juden protestierten gegen Alexandra, der Gattin von Alexander-Janneus, welche sich nach des Gatten Tode des Thrones bemächtigte. Jesaia wirft den schuldigen Juden vor: „Weiber herrschen über sie". (Kap. 3, 12).

Aber die grausamsten Worte der Mißachtung der Frau kamen aus dem Munde Eines, welcher mit tausend Gattinnen gesegnet war. Von seinem Harem aus ließ Salomon der Weise das Sprichwort ausgehen: „Von den

Kleidern kommen die Motten und von den Weibern kommt die Bosheit".

Was war denn die Ursache der niedrigen Stellung der Frau unter dem so hochbegabten Volke der Juden, welches lange vor allen andern Völkern zu einer höheren, reineren religiösen Einsicht gelangt ist? Dieselbe wie bei den meisten gleichzeitigen Nationen und bei den modernen Orientalen: die Polygamie. Es scheint aber, daß die Juden in Ägypten die höhere Stellung der Frau kennen und schätzen gelernt. Dort lernten die Frauen nicht nur vielerlei weibliche Handarbeiten, sondern nahmen nach dem Exodus offenbar eine höhere Stellung ein als in den ältesten Zeiten. (2. Buch Moses).

Die Polygamie dauerte noch lange unter den Juden fort. Sie wurde erst durch den Einfluß des Rabbi Gerson im Jahre 1060 n. Chr. in einer zu Worms gehaltenen Synode formell unter Strafe von Exkommunikation verboten. Aber die Wirkung dieses Verbotes sollte nur bis 1340, also etwa 200 Jahre dauern, nach welcher Zeit ein mit mehr als einer Frau verheirateter Mann als der Strafe nicht verfallen angesehen werden sollte. In vielen europäischen Ländern wurde obiges Verbot von den Juden nicht adoptiert, u. a. von denen, welche in der französischen Provence lebten. Die Abschaffung der Polygamie geschah nicht aus religiösen Gründen, sondern nur als eine Sache der Zweckmäßigkeit. Die Juden lebten in Mitte des monogamen Christentums, das sie kaum duldete, oft vertrieb; sie mußten sich daher nach den Ansichten, Sitten und Gesetzen des Landes richten in dem sie lebten. Viele späteren jüdischen Synoden haben jedoch solche Individuen, welche mehrere Frauen geheiratet, gezwungen sich von Allen, ausgenommen der ersten, zu trennen. Michaelis, Artikel: „On the State of the Jews in Poland". (British and foreign Review. No. X. Octob. 1837.)

Aber trotz der durch die Polygamie verursachten

Erniedrigung der jüdischen Frau, hat kein anderes Volk solche und so viele große, außerordentliche Frauen hervorgebracht. Da finden wir u. a. Miriam, die Schwester von Moses, Debora, Prophetin und Richterin von Israel, Hanna, Prophetin und Mutter Samuels, Michal, die Tochter Sauls, eine der Frauen Davids, Batsheba, die Mutter Salomons, Hulba und Noadia, die Prophetinnen, Judith, die patriotische und heroische, Esther, von welcher Josephus, der Historiker sagt: „Esther, nach Gott, verdanken wir unsere Rettung", Athalia, Tochter der Jezebel, Königin von Juda, welche in Jerusalem regierte, eine Frau von mächtiger Leidenschaft und unbändigem Charakter. Unter der griechischen und römischen Herrschaft traten mehrere Alexandras auf. Alexandra-Salome, Frau von Alexander Janneus, nach ihres Gatten Tode Königin der Juden, war eine Kriegerin und Staatsmännin, gefürchtet von den Nachbarvölkern. Sie regierte viele Jahre und gab ihrem Lande Frieden. Eine andere Alexandra, Tochter von Hiram, dem Hohenpriester, war nebst ihrer unglücklichen Tochter Mariamne, Frau von Herodes dem Großen, die letzte der großen hebräischen Frauen.

Auch unter den ersten Christen, den sogenannten Galliläern, Nazarenern oder Jessäern, wie sie anfangs hießen, und welche zuerst nur eine jüdische Sekte waren, in der anfangs die Beschneidung ein streng vorgeschriebener Aufnahmsakt für Nichtjuden war, nahmen die jüdischen Frauen eine hohe Stellung ein und haben keinen geringen Einfluß auf die erste Entwickelung des Christentums geübt. Die höhere Stellung in letzterem ist in nicht geringem Maße dem Einflusse der ersten jüdischen Christinnen zu verdanken.

Die muhamedanische, aus der jüdischen und christlichen hervorgegangene Religion, änderte im allgemeinen wenig die Stellung der Frau im Orient; doch nahm diese unter ihrer Herrschaft eine höhere ein als in der jüdischen. „Nach dem Koran — sagt Bodenstedt in seinen „Schilderungen aus den Tscherkessenländern" (III. p. 193) —, gehört von dem Tage der Heirat die Frau dem Gatten und nach dessen Tode ihren Verwandten. Dies Anrecht bezieht sich aber nur auf ihre Person, nicht auf das Vermögen. Denn nach den Satzungen des Koran hat jede Frau freies Eigentum, worüber sie schalten kann nach eigenem Ermessen. Überhaupt wird die Frau auch durch die Ehe nicht Sklavin des Mannes, sondern kann ihn verklagen und sich sogar von ihm trennen, wenn er sie in ihren, im Koran genau bezeichneten Rechten kränkt. Ja, selbst die geborene Sklavin genießt alle Vorrechte einer freien Frau, sobald sie Mutter wird."

Übrigens ist die Stellung der Frau unter den Türken verschieden von der der Araber. Mohamet spricht nicht von den Genüssen der Frauen im Paradies, aber er schließt sie nicht von ihm aus; und in seinen sogenannten Habites oder Gesprächen, finden sich Ratschläge für die schöne Ayesha über die besten Mittel zu ewiger Glückseligkeit zu gelangen. In dem Koran wird die Beatifikation guter Frauen mehr als einmal erwähnt, und im 4. Buche wird die Hoffnung des Paradieses der Frau geboten. „Männer oder Frauen, die ein gutes sittliches Leben führen, werden in das Paradies eingehen" steht im Koran. Ein Vers, der oft vom Koran zitiert wird, sagt: „Die Frau ist für den Mann geschaffen, aber der Mann für die Frau" — demnach sind die Pflichten gleich.

Fünftes Kapitel.

Die Frau im alten Kleinasien.

Das Loos der Frau war im alten Kleinasien das einer dienenden Magd. Sie war ihr ganzes Leben hindurch Sklavin, erst im Hause ihres Vaters, der über sie nach Gutdünken verfügte, sie tödten oder verkaufen konnte, und nachher in dem Hause ihres Gatten, welchem der Gebrauch unumschränkte Gewalt über die Person und den Besitz seiner Frau gab. In Asien haftete ehemals, haftet selbst heute noch, die Idee der Unreinheit am Weibe. Im alten Heidentum durften die Frauen viele Tempel nicht betreten, und solche heidnische Traditionen haben sich noch lange in manchen der christlich gewordenen Staaten erhalten.

Die Frauen des Orientes waren schon im Alter von neun, ja selbst acht Jahren heiratsfähig, sodaß Kindheit und Ehe zusammenfielen. Mit zwanzig Jahren war die Frau schon alt. Verstand und Schönheit konnten nicht zusammentreffen. Wenn der Verstand kam, war die Schönheit verschwunden, und eine jüngere trat meistens in die Gunst ihres Herrn. Wie konnte unter solchen Verhältnissen die Frau Einfluß gewinnen?

Im Oriente kaufte man die Frauen. Die Assyrier versammelten einmal im Jahre auf öffentlichen Plätzen alle heiratsfähigen Mädchen und versteigerten sie. Ein Ausrufer rief das Gebot aus, und der Meistbietende wurde Besitzer. Das Wetteifern reicher Männer steigerte den Preis oft bis zu bedeutenden Summen, welche, in einer öffentlichen Kasse deponiert, dazu dienten, die weniger schönen und weniger gesuchten Mädchen zu verheiraten. Je häßlicher das Mädchen war, desto größer war die Mitgift, um die Männer anzuziehen. (Herodot, L. I. 5, 195).

Die ganze Heiratszeremonie bestand bei den Assyriern gewöhnlich in einem Mahle, wo der Gatte seine Freunde versammelte und sie als Zeugen aufrief, daß er die Bedingungen des Kaufes erfüllt habe. Man glaubt jedoch, daß die Assyrier ein Tribunal einsetzten, dessen Bestimmung war, die Heiraten zu regulieren und für die Beobachtungen der Bedingungen zu sorgen.

Wie bei den Assyriern, so hatten die andern kleinasiatischen Völker keine andere Heiratszeremonie als das Mahl. Die Heirat war bei den polygamischen asiatischen Völkern ein Privatakt, in welchen der Staat und die Religion sich nur durch Strafgesetze mischten, welche fast immer gegen die Frau gerichtet waren.

Man findet im Buche Esther (Kap. 1) einen Umstand, welcher darauf zu deuten scheint, daß die Assyrier die Repudiation den Medern und Persern entlehnten.

Es war ein Festtag am Hofe von Susa. Der König Ahasveros*, in einem Augenblicke mitteilender Freude, befahl sieben seiner Eunuchen die Königin Vasthi vor ihn zu bringen, gekleidet in ihre reichsten Kleider und mit dem Diadem auf dem Haupte. Er wollte seinem Volke die Schönheit dieser Frau zeigen. Vasthi weigerte sich, dem Wunsche des Königs Folge zu leisten. Ahasveros, wütend über diese Weigerung, rief seine Räte zusammen und frug sie, was er thun sollte. Memuchan, einer derselben, nachdem

---

* Deutsche Gelehrte, sowie Dean Milman in seinem Werke »History of the Jews«, behaupten, daß Ahasveros und Xerxes ein und dieselbe Person seien.

er auf die Notwendigkeit, das böse Beispiel der Vasthi zu bestrafen, bestanden, welches, von einer Königin kommend, für die Autorität der Ehemänner so gefährlich werden konnte, riet dem Ahasveros ein Gesetz zu geben, ähnlich dem der Perser und Meder, und einer anderen den Platz der stolzen Königin einzuräumen, welche desselben würdiger wäre. Dieser Rat gefiel dem Könige, der ihn befolgte und diese andere war Esther. Sendschreiben wurden darauf in alle Provinzen geschickt, und in diesen Schreiben verordnete Ahasveros, daß die Männer Fürsten und Häupter in ihren Häusern wären.

Es geht aus diesem ersten Kapitel des Buches Esther hervor, daß bei den Assyriern die Suprematie des Gatten ein nicht so festgewurzeltes Dogma war als bei den Persern, Medern und Hebräern, obwohl auch unter den Persern einflußreiche Frauen gelebt haben. Mandane, die Mutter von Cyrus, kann als die Gründerin der persischen Dynastie angesehen werden. Alte Historiker, wie Herodot, behaupten, daß Geburtsrecht und Ruhm des Cyrus von seiner Mutter gekommen wäre, und daß sein Vater von obskurer Geburt gewesen. Ebenso hatte die Jüdin Esther, nachdem sie auf den Thron erhoben worden, einen sehr großen politischen Einfluß. Das erwähnte Edikt von Ahasveros, in dem er verordnete, daß der Mann der Gebieter in seiner Familie sein sollte, scheint anzudeuten, daß bis dahin diese Frage entweder bestritten war, oder daß die Praxis derselben widersprach. Der Widerstand der Vasthi erklärt sich nur mit der Annahme, daß die Frauen in ihrem Lande unabhängiger gewesen sein müssen, als in den benachbarten Ländern.

Ein anderes Bild von Fraueneinfluß weist uns die Geschichte in Semiramis, einer Frau, welche mit außerordentlicher Weisheit über ein großes Volk herrschte. Von niedriger Abkunft und in vorgerücktem Alter, durch ihre hohen Geistesgaben allein zur höchsten Gewalt im assyrischen

Staate gelangt, gründete sie die Hauptstadt, legte Städte, Wasserleitungen, Straßen an, befehligte Heere und gab Gesetze.

Außer oben angeführtem Beispiele aus dem Buche Esther, liefert uns noch das Buch Tobias, Kap. X, ein anderes, welches auf die Stellung der Frau in Assyrien hinweist. Es war unter der Regierung von Sennacherib, Sohn von Salmanazar, als die Stämme Israels im ganzen Assyrischen Reiche gefangen und zerstreut waren. Der junge Tobias hatte Sarah, Tochter von Raguel, geheiratet, welche in einer Stadt Namens Ragas wohnte, im Lande der Meder, damals unter der Herrschaft des mächtigen Königs von Assyrien. Er war im Begriffe, mit derselben zu seinem Vater nach Ninive abzureisen. Nachdem die Mutter ihre Tochter umarmt hatte, empfahl sie ihr: ihre Schwiegereltern zu lieben, ihren Gatten zärtlich zu lieben, mit Weisheit die Familie zu leiten und dem Hauswesen vorzustehen. Bei den alten Hebräern aber regierte die Frau die Familie nicht, noch lenkte sie das Hauswesen. Die Empfehlungen der Mutter Raguel scheinen daher auf einen in Assyrien üblichen Gebrauch hinzudeuten. Es ist zudem bekannt, daß die Israeliten rasch die Sitten und Gebräuche der Völker annahmen, in deren Mitte sie in Gefangenschaft lebten. Die Juden jedoch widerstanden fremdem Einflusse und reorganisierten sich später sehr strenge unter ihren althergebrachten eigenen Gesetzen und Gebräuchen. Es ist hier noch beizufügen, daß die obengenannten zwei hebräischen Völkerschaften nicht verwechselt werden dürfen. Es ist bekannt, daß Israel und Juda, seit Jeroboam, (Rehoboam), zwei ganz besondere Reiche bildeten. Das erste wurde von Salmanazar zerstört, welcher dessen Bewohner zerstreute und an ihrer Stelle die Samaritaner ansiedelte. Juda jedoch, von Nebuchodonosor zertrümmert, wurde durch Cyrus wiederhergestellt.

Die Polygamie findet sich schon in den fernsten historischen Zeiten des Orients. Durch sie ward die Frau begradiert, zu einer Ware gestempelt, welche der eine verkaufte, der andere erhandelte, ohne andern Wert als der Kaufpreis, welcher auf sie gesetzt wurde. Die Sklaverei der Frau war daselbst daher allgemeine Regel, von der es jedoch hie und da Ausnahmen gab.

Bei den Phöniziern hatte die Frau schon eine geachtetere Stellung. Es waren diese ein seefahrendes Volk, oft und lange abwesend von Hause. Bei ihnen führten die Frauen die Rechnungen, die Korrespondenz und waren mit verschiedenen Geschäften betraut. Sie mußten daher mehr Bildung, Achtung und Freiheit genießen, als in den Nachbarländern.

Bei den Lyciern und Xanthiern soll das Kind den Namen der Mutter angenommen haben. Die Mutter allein, und nicht der Vater, soll dem Kinde das Recht des freien Bürgers übermacht haben, gerade das Gegenteil von dem, was mit Ausnahme Ägyptens im ganzen übrigen Oriente stattfand, wo das Kind nur dann dem Stande der Mutter folgte, wenn letztere Sklavin war. Die Xanthier wollten den Ursprung dieses Gebrauches von einer Zeit hergeleitet haben, wo die Gebete der Frauen ihre Vorfahren von einem durch die göttliche Rache geschickten Strafgerichte befreit haben.

Sechstes Kapitel.

Die Frau in Indien.*

Wie bei allen orientalischen Völkern, so weist auch in Alt-Indien die Gesetzgebung der Frau eine untergeordnete Stellung an. Das Gesetzbuch des Manu beschränkt die Frau so viel als möglich und erkennt ihren freien Willen und ihren Anspruch auf freie individuelle Entwicklung nicht an. Das Gesetz bestimmt, daß die Frauen von den Männern, denen sie unterworfen sind, stets in Unterwürfigkeit und Zucht gehalten seien. Während ihres Lebens steht die Frau unter Vormundschaft, wenn ledig unter der ihres Vaters, verheiratet unter der ihres Gemahls, im Alter unter der ihrer erwachsenen Söhne oder nächsten männlichen Verwandten.

So ist die Frau dem Manne bedingungslos unterworfen, ohne jedweden individuellen Willen, oft im frühen Kindesalter ihm angetraut, ihr Wirkungskreis ist einzig und allein die Haushaltung. Der Mann hat das Recht, seine Frau zu verkaufen oder zu verlassen, wobei sie aber nicht aufhört, seine Frau zu sein; und ihre Pflichten ihm gegenüber dauern fort. Als Witwe ist sie nicht berechtigt,

---
* Über die Frau in Indien benützte ich einen interessanten Aufsatz von Ludwig Fuld in dem Magazin für die Litteratur des In- und Auslandes. Juli 2. 1887.

wieder zu heiraten; und daraus entstand der Gebrauch, daß bei lebendigem Leibe die Gattin dem toten Gatten in den Tod auf dem Scheiterhaufen zu folgen hatte.

Das Gesetz befiehlt der Frau, acht Jahre auf ihren verreisten Mann zu warten. Der Mann kann seine Frau leicht verstoßen. Kinderlosigkeit berechtigt den Mann, die Frau nach achtjähriger Ehe zu verstoßen. Verletzung der Treue seitens des Weibes wird mit harter Strafe geahndet. Des Mannes Untreue wird nur unter gewissen Bedingungen bestraft, je nach der Kaste, der er angehört. Ein Brahmane wird nicht mit der Strenge behandelt als ein Mitglied einer der untern Kasten. Der Feuertod trifft den Mann einer untern Kaste, der es wagt, das Auge zur Frau eines Brahmanen zu erheben, der Brahmane dagegen hat dasselbe Vergehen gegen eine Frau der drei untern Kasten mit einer Geldstrafe zu büßen.

Nach Manu's Gesetz kann die Frau kein Vermögen besitzen. Gerade wie das, was der Sklave erwirbt, seinem Herrn gehört, so bei der Frau, die auf gleicher Stufe wie der Sklave steht.

Nach Confucius giebt es für den Mann sieben Veranlassungen, sich von seiner Frau zu scheiden — Ungehorsam — Unfruchtbarkeit — Unsittlichkeit — Eifersucht — Aussatz oder andere unheilbare Krankheiten — Schwatzhaftigkeit — Hang zum Diebstahl.

Unter dem Einfluß solcher die Frau betreffenden Gesetze konnte sich in Indien, wie im ganzen Orient, ein ungezwungener Verkehr zwischen Männern und Frauen nicht entwickeln.

Wie unter den andern orientalischen Völkern, so ist wohl auch in Indien die Stellung der Frau durch religiöse Vorurteile ganz besonders beeinflußt worden. Rücksichtslose Ignorierung ihrer Individualität und ihres Willens charakterisieren ihre Stellung. Die Erkenntnis der seelischen Eigenschaften des Weibes ging und geht den Orientalen gänzlich ab. Das Sinken und der Verfall der orientalischen Völker, gegenüber den occidentalischen, hängt in hohem Maße mit der stabilen, uncivilisierten, niedrigen Stellung der Frau, der Rechtsungleichheit zusammen, mit der eine kulturelle Fortentwicklung unmöglich ist.*

---

* Es mag hier noch angeführt werden, daß in jedem Sanskrit-Schauspiel die Frauen- und niedrigen Rollen eine Art provinzielles Sanskrit oder patois sprechen, genannt Prakrit, in derselben Verwandtschaft mit Sanskrit wie das Italienische zum Lateinischen, die das gesprochene Latein der Zeit von Cicero mit dem hochfeinen Latein seiner Rede hatte. Selbst die indische Heldin des Schauspiels spricht im Dialekt des Volkes. Der Held hingegen und alle höheren männlichen Rollen sprechen reines Sanskrit und die Hälfte in Versen, um sich höhere Würde zu verleihen. (Prof. M. Williams.)

Siebtes Kapitel.
Die Frau im alten Germanien.

Wie in den Religionen Griechenlands und Italiens, so finden wir auch im alten Deutschland neben Göttern auch Göttinnen und untergeordnete weibliche Gottheiten. „Wie die griechischen, so bedienten sich auch die germanischen Götter weiblicher sowohl als männlicher Boten. Nach deutscher Ansicht schienen Aussprüche des Schicksals im Munde der Frauen größere Heiligkeit zu erlangen; Weissagung und Zauber, in gutem wie bösem Sinn, waren vorzugsweise Gabe der Frauen und vielleicht hängt damit noch zusammen, daß die Sprache Tugenden und Laster durch Frauen allegorisiert. Wenn es in der Natur des Menschen überhaupt gelegen ist, dem weiblichen Geschlecht eine höhere Scheu und Ehrfurcht zu beweisen, so war sie den deutschen Völkern von jeher besonders eingeprägt. Männer verdienten durch ihre Thaten, Frauen durch ihre Weisheit Vergötterung." (Grimm, D. Myth. S. 329.)

Es ist daher nicht zu verwundern, daß infolge der deutschen Frauenverehrung der germanische Himmel sowohl, als die Erde mit Göttinnen, Göttermüttern bevölkert war. Da war die Erada, noch heute „Mutter Erde" genannt, die milde, gütige Holba, die Berchta, die Ostara, die Zisa, die Freyja, Odins Gattin, die Nanna, Balders Gattin, die Hella, welche der Totenwelt vorstand, und noch viele andere. Unter ihnen standen die deutschen Parzen: die Nornen, die Walkyrien: Kriegsjungfrauen, die Feen, Waldfrauen, Wasserjungfrauen, Riesinnen u. a.

Die jüdische, sowie die primitive christliche Ansicht bildet hierin einen Gegensatz: Propheten weissagen, Engel, erscheinende Heilige, verkündigen und richten Gottes Befehle aus. Das Judentum, sobald es aus dem Polytheismus*, in dem auch es gelebt, sich herausgearbeitet, kennt neben seinem einen Gott, Jehova, dem Gotte aller Götter, nur männliche Propheten, männliche Engel und Dämonen. Alle Macht zum Guten und Bösen liegt in den Händen männlicher Wesen, über welchen Jehova in furchtbarer Einsamkeit thront. Nach Moses (1. Mos. 6, 4) gab es nur Gottessöhne, welche vor der Sündflut sich mit den Töchtern der Menschen verbanden. Die Frau war aus dem Angesichte Jehovas verbannt.

In obigem schon charakterisiert sich die Stellung der Frau im alten Judentum und Germanentum. Die jüdische Frau war von jedem Anteil an der himmlischen Regierung ausgeschlossen.

Das aus dem Judentum entsprungene Christentum folgte anfangs seinem Vorbilde. Die ersten Christen gingen in den Fußtapfen der Juden, die christliche Religion folgte den mosaischen Grundsätzen, und St. Paul (an Timotheum und an die Korinther) unterwirft die Frau ihrem Gatten, als ihrem Herrn, dem sie zu gehorchen hat. Aber sei es durch die hervorragende Stellung, welche Frauen bei der Gründung des Christentums einnahmen, sei es durch den

---

* Die Ansicht der Juden, daß Jehova der höchste Gott, der Gott aller Götter, wäre und daß sie sein Volk wären, beweist, daß selbst bei ihnen kein reiner Monotheismus herrschte, keine Annahme eines die ganze Welt umfassenden einzigen Gottes.

Einfluß der vom Christentum verdrängten alten Religionen und besonders des Germanentums, bald traten Scharen weiblicher Heiligen in den christlichen Himmel ein und bald wurde Maria auf den himmlischen Thron erhoben als Repräsentantin der Frau, an welche die fromme Christin lange, ja heute noch in katholischen Ländern ihre Gebete richtet, mit Vater und Sohn die alte ägyptische Trinität darstellend.

Geschichtsschreiber des Altertums berichten, daß bei den Germanen die Frau als etwas Heiliges verehrt ward. Odin wollte, daß man sie als eine sichtbare Gottheit verehre. (Grimm, D. Myth. I, S. 248, 249, 329.) Mit wenigen Ausnahmen herrschte unter den Germanen die Monogamie. In den alten Volksrechten der Germanen war die Frau besonders beschützt, obwohl die unter dem Volke bestehende Frauenverehrung sie hinlänglich beschützt hat. Nach dem alemannischen und bairischen Volksrecht erhielt die Frau eine verdoppelte Komposition, d. h. Entschädigung durch Vergleich: „Die Wehrlose empfängt damit Schutz und Heiligung".

In den Minneliedern des Mittelalters, in den alten Volksliedern, in einer merkwürdigen Formel des Rittertums, überall zeigt sich uns der Frauenkultus unter den alten Deutschen. „Durch aller Frauen Ehre!" „Durch reiner Frauen Ehre!" „Durch Willen aller Frauen!" „Durch Willen aller Mädchen!" und viele ähnliche waren gewöhnliche Beteuerungsformeln der alten Zeiten, welche genügend die hohe Stellung der Frau charakterisieren. Man pflegte zu sagen: „Ehre Gott und die Frau!" „Durch Gott und durch der Frauen Lohn!" „Gott soll es danken und die Frau!" „Gott und allen Frauen dienen!" Die Frau war schon ihrem Namen nach Göttin, denn das Wort hängt mit der Göttin Freyja zusammen. „Frau" steht dem Worte „Herr" zur Seite und bedeutet so viel als Herrin.

Als Heiratsgeschenk brachte der alte Germane seinem Weibe weder weibliche Tändeleien noch Brautputz, sondern etliche Rinder, ein gezäumtes Roß, einen Schild nebst Pfriem und Schwert. Diese Gaben erinnerten die Frau, daß sie fortan das Schicksal ihres Ehegatten teilen, ihm ganz angehören und im Kriege wie im Frieden, in der Schlacht wie im Hauswesen, seine unzertrennliche Gefährtin sein und bleiben sollte. Die Frauen folgten ihren Gatten in die Schlacht, ermutigten sie mit ihren Zurufen, lobten sie für ihre Tapferkeit, brachten ihnen im Schlachtgewühle Erfrischungen, pflegten die Verwundeten und scheuten nicht die Wunden zu zählen und auszusaugen. Fielen die Männer, so ergriffen sie Lanze und Schwert und folgten ihnen in den Tod. Die Geschichte meldet, daß manche schon sinkende Schlacht von den Frauen wieder hergestellt worden; sie baten und flehten und warfen sich den Männern entgegen, auf die nahe Gefangenschaft hinweisend, welche den Männern, um der Frauen willen, doppelt furchtbar schien. „Die Frauen" — berichtet Tacitus — „wurden von den Germanen als etwas Heiliges und Vorhersehendes verehrt, und ihre Ratschläge und Meinungen wurden von ihnen hoch geachtet."

Aber trotz der hohen Stellung der Frau galt auch bei fast allen germanischen Stämmen das sogenannte salische Gesetz. Dies Gesetz wollte, daß, wenn ein Mann männliche und weibliche Kinder hinterließ, die männlichen den salischen Grundbesitz beerbten, mit Ausschluß der weiblichen. Die Häuser der Germanen standen vereinzelt in Mitte eines eingehegten Stückes Land. Salischer Boden war das Haus (Sala) mit Einhegung. Die übrigen Ländereien, welche die Germanen bebauten, gehörten ihnen nicht, waren ihnen nur auf eine bestimmte Zeit gegeben, sie waren Gemeingut. Das salische Land, welches den Männern gehörte, konnte den Mädchen nicht wohl zukommen, da letztere als Frauen in andere Familien eintraten. Das salische Recht hatte daher keine Geschlechtsbevorzugung im Auge, es war ein rein ökonomisches Gesetz, welches das Haus und das mit dem Hause zusammenhängende, eingehegte Land dem Manne sicherte, welcher es bewohnen sollte und dem es am besten zukam. Sobald aber das Land aufhörte Gemeingut zu sein, mußte das salische Gesetz Änderungen erleiden. Dieses war zuerst der Fall bei solchen deutschen Stämmen, welche sich fremde Provinzen eroberten, und später unter dem Einflusse des Feudalwesens.

Die Gesetzgebung Karls des Großen, die auch die Stellung der Frau definiert und von der vieles in den Sachsen- und Schwabenspiegel übergegangen ist, ist nicht rein fränkisch-germanischen Charakters, sondern entstand unter dem Einflusse römischer, christlicher sowohl als fränkischer Ansichten und Gewohnheitsrechte. So waren denn auch die Strafen gegen verbotene Ehen kirchlich sowohl als weltlich. Verboten waren u. a. Ehen vor eingetretener Altersreife, solche bei zu großer Altersverschiedenheit und besonders Verwandtschaftsehen, die bis zum fünften Grade untersagt waren. Eheleute, die sich getrennt hatten, durften während Lebzeit der einen Ehehälfte nicht heiraten. Die Ehe gab dem Gatten eine Art Vormundschaft über die Gattin, besonders hinsichtlich des Vermögensrechts, und das Verfügungsrecht der Gattin über ihr Eigentum ward beschränkt. Im Hause aber teilte sie die Verwaltung mit dem Gatten. Die Erziehung der Kinder leitete die Mutter.

Die Burgunder u. a., nachdem sie sich in Gallien niedergelassen hatten, gaben das salische Gesetz auf; und die Franken führten einen Gebrauch ein, welcher dem Vater gestattete, seine Tochter und ihre Kinder zu Miterben einzusetzen. Der Vater führte seine Tochter vor den Richter und sagte zu ihr: „Mein liebes Kind, ein alter und barbarischer Gebrauch schließt die Töchter von der Erbfolge ihres Vaters aus; aber, da ich alle meine Kinder gleich von der Vorsehung erhalten, so muß ich sie gleichmäßig lieben. Infolge dessen, meine liebe Tochter, erkläre ich als meinen Willen, daß du mein Erbe gleichmäßig mit deinem Bruder teilest." Montesquieu giebt in seinem „Esprit des Lois" (L. 18 C. 22) folgenden Kommentar über das Eigentum nach salischem Rechte:

1. Wenn ein Mann ohne Kinder stirbt, so erben ihn sein Vater oder seine Mutter.

2. Wenn er weder Vater noch Mutter hat, so erben ihn sein Bruder oder seine Schwester.

3. Wenn er weder Bruder noch Schwester hat, so folgt ihm die Schwester seiner Mutter in der Erbschaft.

4. Hat seine Mutter keine Schwester, so folgt ihm die Schwester seines Vaters.

5. Hat sein Vater keine Schwester, so erbt ihn der nächste männliche Verwandte.

6. Kein Teil des sog. salischen Landes geht auf die Frauen über, sondern fällt nur den Männern zu.

Aus den oben angeführten Artikeln ersieht man, daß, wenn ein Mann kinderlos starb, so wollte das Gesetz, daß keines der beiden Geschlechter Vorzug vor dem andern habe, ausgenommen in gewissen Fällen. In den beiden ersten Graden der Erbfolge waren die Vorteile der männlichen und weiblichen Verwandten ziemlich dieselben. Im dritten und vierten Grade hatten die Frauen den Vorzug; die Männer hatten ihn im fünften.

Schon Tacitus spricht von solchen seltsamen Gebräuchen. „Die Kinder der Schwestern", sagt er, „werden von ihrem Onkel so sehr als von ihrem eigenen Vater geliebt. Es gibt Stämme, welche diese Verwandtschaft für die engste und heiligste halten; sie ziehen sie vor beim Empfang von Geiseln. Aus diesem Grunde sprechen unsere ersten Historiker so viel von der Liebe der fränkischen Könige zu ihren Schwestern und zu den Kindern ihrer Schwestern. Da nach ihnen die Kinder der Schwestern in dem Hause, wie die eigenen Kinder betrachtet wurden, so war es natürlich, daß die Kinder ihre Tante wie ihre eigene Mutter ansahen."

Man findet bei andern Völkern Gebräuche, welche sich den obengenannten sehr nähern. Im alten Reiche Kalikut und in Malabar folgte nicht der Sohn des Königs dem Vater nach, sondern der Sohn seiner Schwester. Dieselbe Art der Erbfolge besteht unter den Völkern, welche die Ufer des Senegal bewohnen. In Haiti vererbte sich ehemals die fürstliche Würde von Mann auf Mann, aber wenn der Kazike ohne Kinder starb, so ging die Souveränität auf die Kinder seiner Schwester über, mit Ausschluß der Brüder. Bei den Natchez war der Häuptling, die Sonne genannt, niemals der Sohn des alten Häuptlings, sondern das Kind der Schwester der Sonne. Dasselbe ist der Fall bei den Irokesen, den Huronen und kanabischen Indianern, wo immer der Sohn der Schwester in der Häuptlingswürde folgt. Die Indianer behaupten, daß die Frau, viel mehr als der Mann, die Quelle der Familie ist. Sie geben daher ihren Kindern den Namen ihrer mütterlichen Großväter.

Es gab Nationen, bei welchen Staatsgründe, oder irgend welche religiöse Maxime, verlangten, daß eine gewisse Familie immer regierte. Dies war in Indien bei der Eifersucht der Kasten und der Furcht vor unreiner Abstammung der Fall. Man nahm die Kinder der ältesten Schwester des Königs, um stets Prinzen königlichen Blutes zu haben.

Obige Gebräuche entfernen sich vom salischen Gesetze nur darin, daß letzteres die Schwestern den Brüdern nur in dem Falle vorzog, wo der Vater kinderlos starb.

Wenn der Vater männliche und weibliche Kinder hatte, waren die Töchter von der Erbfolge zum sogenannten salischen Lande ausgeschlossen. Waren jedoch nur Töchter vorhanden, so teilten sie die Erbschaft. Das salische Gesetz der Sachsen sagt, daß die Töchter durch die Söhne ausgeschlossen waren, wo sie mit ihren Brüdern konkurrierten. Die Tochter aber folgte bei den Sachsen zum Nachteil des Enkels.

Das salische Recht war nicht allen germanischen Völkern eigen. Die Gothen ließen ihre Töchter zur Erbfolge ihrer Ländereien zu, gemeinschaftlich mit ihren Brüdern; sie folgten selbst auf den Thronen bei Mangel an Söhnen. Es war dies aber zu einer Zeit, wo die Gothen, mit der alten Heimat, auch das Gemeingut aufgegeben und in fremden, eroberten Ländern lebten. Unter den Skandinaviern konnten die Töchter das Patrimonium erben.

Die Heirat fand bei den Germanen entweder vermittelst Vertrages mit den Eltern oder Kohabitation statt. Zuweilen raubte sich der Mann die Frau, aber oft mit ihrer Zustimmung im Falle der Verweigerung der Eltern. Die Mitgift repräsentierte die durch den Gatten an die Eltern bezahlte Summe. Der Preis derselben wurde durch die Eltern, oder bei deren Mangel, durch das Gesetz bestimmt. Heirat durch Kohabition fand statt, wenn ein Mann sich eine Magd hielt, welche, mit Wissen aller, das Bett mit ihm teilte, sein Schlüssel führte, mit ihm aß und trank und dieses während dreier Winter. So wurde sie seine legitime Frau und Herrin des Hauses. Die Mitgift bestand gewöhnlich, wie schon erwähnt ward, in Ochsen, einem gezäumten Rosse, einem Schild mit Speer und Schwert. Die Frau bot ihrerseits ihrem Manne Waffen.

Unter den Franken war es Gebrauch, wenn der künftige Gatte seiner Braut eine Mitgift ausmachte, sie folgendermaßen anzureden (Sidenbroch, Libellus doti):

„Meine süßeste und liebenswürdigste Gattin! Da unsere beiderseitigen Eltern ihre Zustimmung gegeben, daß ich mich mit dir nach salischem Gesetze verlobe, und da ich dieses gethan, so schien es uns gut, dir als Mitgift etwas von meinem Besitze zu geben. Deshalb gebe ich dir, durch gegenwärtigen Akt, als Eigentum und für immer, folgende Güter (hier folgt die Aufzählung); wohlverstanden, daß, wenn der Tag unserer Heirat ankommt, du in Besitz dieser Güter treten wirst." Dies war die Morgengabe, so genannt, weil sie am Morgen nach der Hochzeit auf die Frau überging.

Trotz dem dunkel, welches über der frühen Geschichte der Germanen liegt, weiß man doch manches über ihr Familienleben und über die Stellung der Hausfrau. Sobald die Frau verheiratet war, trat sie unter die Vormundschaft des Mannes, d. h. sie verlor das Recht zu verkaufen, zu verfügen, ohne Zustimmung des Gatten vor Gericht zu erscheinen. Die Autorität des Gatten war aber durch die hohe Achtung, die man der Frau zollte, gemildert. Die Geschichte lehrt, daß bei den Germanen eine erhabene Gerechtigkeit, überraschende Gefühle des Edelmutes obwalteten, was bei einem so kriegerischen Volke erstaunlich ist. Die Individualität der Frau war wohl derjenigen des Mannes untergeordnet, aber nicht vernichtet. Sie war ausschließliche Besitzerin der Morgengabe, sie hatte, nebst dem, das Recht die Veräußerung ihres eigenen Besitzes zu hindern, sie hatte das Recht, in ernsten Umständen die Hilfe der nächsten Verwandten zu verlangen. Einige Stämme bestimmten selbst, daß sie, in ihrer Eigenschaft als mutmaßliche Erbin des Gatten, die Veräußerung der Güter des letzteren gutheißen sollte.

Welcher Unterschied zwischen dem Innern eines germanischen Hauses und den Frauengemächern Athens! Es ist rührend, in den alten fremden Schriftstellern über die vielen Beweise der Achtung und Zuvorkommenheit zu lesen, welche die Germanen für die Frauen hatten. Aus ihnen gingen später die Gesetze des Rittertums hervor, welche rein germanischen Ursprungs sind.

Unter den Sachsen in England erfreute sich die Frau einer ebenso hohen Stellung als in Germanien. Diese aber sank nach der Eroberung des Landes durch die gallisierten Normannen. Blackstone, der berümte englische Jurist des vorigen Jahrhunderts, giebt uns folgende normännisch-juristische Definition der Ehefrau: „Das ganze Wesen oder die legale Existenz der Frau ist während der Ehe suspendiert, oder ist, wenigstens in dem des Gatten inkorporiert oder konsolidiert, unter dessen Flügel, Protektion und Schutz sie alles ausübt. Sie heißt daher in unserer französischen Rechtssprache eine: »femme coverte« oder »covert Baron« und steht unter Protektion und Einfluß ihres Gatten, ihres Baron oder Lord: und ihr Verhältnis heißt während ihrer Ehe ihre »coverture«." An einer andern Stelle sagt Blackstone: „Wie der alte Rechtsausdruck lautet, »Baron et femme«, — der Meister, sein Weib". „Der Gatte — sagt Blackstone ferner — durfte nach dem alten Recht seiner Gattin eine gemäßigte Strafe geben; denn, da er verantwortlich war für ihr Vergehen, so hielt es das Gesetz für vernünftig, ihm die Macht zu vertrauen, sie mittels häuslicher Züchtigung zu zähmen, ihm zu erlauben — flagellis et fustibus acriter verberare uxorem" ꝛc. Noch mancher Überrest der Stellung der Frau unter den Normannen bestand in England lange bis in dieses Jahrhundert hinein hinsichtlich des Erbrechtes der Frau, das Recht, eigenes Vermögen zu besitzen und selbst zu verwalten, das Recht, testamentarische Verfügungen zu treffen ꝛc. Heute noch ist die Frau nicht verantwortlich für Verbrechen, welche sie mit ihrem Manne, oder auf dessen Befehl verübt. Vor wenigen Jahren sahen wir ein Beispiel der Art in Entlassung der Frau des berüchtigten Mörders und Einbrechers Peace, welche den Raub ihres Mannes in ihrem Hause verbarg. Sobald sie sich für seine Frau erklärte, was sie anfangs nicht gestehen wollte, um ihn nicht zu kompromittieren, wurde sie freigelassen.

Gustav Freitag hat in seinen „Bildern aus dem Mittelalter" eine so graphische Schilderung der germanischen

Frau gegeben, daß ich mich nicht enthalten kann, damit die Abteilung über die germanische Frau zu schließen:

„Kein anderes Volk hat aus innerem Herzensbedürfnis das älteste Verhältnis, welches zwei Menschen aneinander schließt, so edel gefaßt. Das Verlöbnis war ein Vertrag, durch welchen Mann und Weib sich zu einem Haushalt und Gründung einer Familie für das ganze Leben verbanden, und einander lieb zu sein über alles auf Erden, Wunsch, Willen und Besitztum gemeinschaftlich zu haben. Selbst mit dem Tode hörte die Pflicht der überlebenden Gattin nicht auf. Bei einigen Germanenvölkern war es der Frau nur einmal gestattet, in den Ring der Zeugen zu treten, vor welchem sie das Gelöbnis ablegte; und es sind Spuren erhalten von noch älterer strengerer Volkssitte, nach welcher die Frau den Gatten so wenig überleben durfte, wie der Gefolgemann seinen Wirt, wenn dieser in der Schlacht fiel. Das Weib des Germanen war nicht nur die Halsgebettete, welche auf gemeinsamem Lager den Hals des Gatten umschlang, und nicht nur Herrin des Hauses und Erzieherin der Kinder, sie war auch seine Vertraute und Genossin bei der männlichsten Arbeit. Die Geschenke, welche der Mann ihr zu dem Gelöbnis gab, ein Joch Rinder, Speer und Roß, waren symbolisches Zeichen, daß sie mit ihm über den Heerden walten würde, und als seine Begleiterin an der Feldarbeit teilnehmen, ja, daß sie ihm auf dem Kriegspfade folgen sollte, in der Schlacht seinen Eifer zu stählen, seine Wunden zu rühmen, nach seinem Tode ihn zu bestatten und vielleicht zu rächen. In diesem Sinne haben die Germanen, und sie allein, den Frauen mit Vorliebe Namen gegeben, welche auf Kampf und Schlacht deuten. Von den Blumennamen der Inder und den klangvollen Schmucknamen der Hellenen, welche Glanz und Schönheit des Weibes bezeichnen, ist unter den Deutschen wenig zu finden. Speerlieb, Kampfwalterin, Wolfstraut, Gertrud klingen die Namen ihrer

Frauen. Zu den göttlichen Abbildern weiblicher Kraft welche die Phantasie der Germanen erfand, gehörten die' Schlachtjungfrauen ihres höchsten Gottes, welche über den Kämpfen der Männer schwebten, Runenworte raunend, um das Schicksal zu lenken; und welche die Seelen ihrer gefallenen Trauten aus dem Kampfgewühl heraufholten in die große Halle des Himmels, wo sie den seligen Helden den Trinkkrug füllten. Aber die Frau folgte dem Manne nicht nur in die Volksschlacht, sie war auch zuweilen Friedenstifterin zwischen entzweiten Völkern. Dann zog sie von dem Sänger begleitet zu den Feinden und warb Versöhnung. Denn in dem hochsinnigen Weibe lebte etwas Geheimes, dem sich die Männer scheu unterordneten, ihr waren die Götter hold, die Weisheit der Runen, die geheime Kunde der Zukunft wurde am liebsten ihr offenbart. Vollends das Weib, welches sich jungfräulich einer Gottheit band, galt dem Volke für begnadet von den Himmlischen und wurde als Seherin geehrt."

„Der Innigkeit der germanischen Ehe schadete nicht, daß sie schon in der Urzeit oft ein Familienvertrag war, der im Interesse zweier Geschlechter geschlossen wurde. Auch damals erschien die Leidenschaft, welche Weib und Mann aneinander fesselte, der Poesie des Volkes am liebsten wie ein Feuer, welches alle Hindernisse niederbrannte. Die nordische Brunhild, welche auf den Scheiterhaufen des geliebten Helden fährt, die deutsche Chrimhild, welche den getöbteten Liebling durch gehäuften Tod ihrer eigenen Verwandten rächt, sind Gestalten der Volksphantasie, welche die dämonische Gewalt solcher Leidenschaften darstellten; Thusnelda aber ist ein milderes Bild aus der Wirklichkeit. Charakteristisch ist, daß der starke Schmerz dieser Frauen immer ihrem Hauswirt, dem geliebten Jugendgemahl gilt."

Achtes Kapitel.
Die Frau in Gallien.

Die alten Gallier boten viele Widersprüche in ihrem Charakter dar. Es schien, als ob sie weder mit einander noch ohne einander leben konnten. Jeder hielt sich für den Stärksten und Tapfersten und kam dadurch oft in Kollision mit andern. Das übertriebene Selbstgefühl ihrer persönlichen Tapferkeit bewirkte, daß sie wenig von ihren Nachbarn und als Nation wenig von fremden Völkern hielten. Ihre Bankette waren oft mit den kordialsten Gefühlen eröffnet und endeten ebenso oft in Mitte eines Kampfes, welchen eine Zank- und Streitsucht plötzlich erweckt hatte, wie sie bei keinem andern Volk bestand. Man findet daher in den Sitten der alten Gallier die größten Kontraste. Diese wilden Vernichter, im Delirium ihres Sieges so vieler Grausamkeiten fähig, waren zugleich bereit, die Klagen der Unterdrückten mit Bewegung anzuhören und die Schwachen gegen die Starken zu verteidigen. Abschreckend war der erste Anblick der Stadt oder des Dorfes der Gallier, und der Reisende zog sich scheu zurück, als er an den Thoren der Stadt und der Häuser Menschenhäupter als Siegestrophäen angenagelt erblickte. Auf der andern Seite beruhigte ihn wieder das freie, offene Entgegenkommen und Benehmen des Wirtes, seine herzliche Einfachheit, und mit weniger Schauer sah er den gallischen Häuptling eine große Kiste öffnen, worin sich eine Zahl einbalsamierter Köpfe von feindlichen Kämpen befand, welche unter des Häuptlings oder seiner Vorfahren Hiebe fielen und gleichsam das Familienarchiv bildeten und welche der Krieger als Adelspatente sorgfältig bewahrte.

Ebenso groß, ja womöglich noch größer als im öffentlichen Leben, waren die Widersprüche in der Familie hinsichtlich der Stellung der Frau. In der Familie besaß der Familienvater, wie im primitiven Rom, das Recht über Leben und Tod gegen seine Frau und Kinder. Wenn ein Mann von Bedeutung eines verdächtigen Todes starb, so unterwarfen die versammelten Verwandten seine Frau und Kinder der Tortur, und wenn die Schuld erwiesen, übergaben sie die Schuldigen den Flammen. Es sind dies Beweise einer energischen Konstitution der Familie unter dem väterlichen Despotismus. Unter einem Teil der Gallier, wenigstens den Häuptlingen, soll die Polygamie geherrscht haben. Von den Insel-Kelten führen aber die Historiker noch Charakterzüge an, welche sozusagen die Negation der Individualität der natürlichen Familie wären, welche in einer großen kollektiven Familie aufging. Die wilden Einwohner Irlands und die Gaels Schottlands im Norden Britanniens sollen nämlich in einer vollständigen Vermischung gelebt und die Kinder keinen andern Vater als den Clan, d. h. den Stamm gekannt haben. Die Kimris in Wales im Westen Britanniens, oder wenigstens gewisse Stämme derselben, sollen auf einer Art intermediärer Stufe gelebt haben, mit Gruppen von zehn oder zwölf Vätern mit gemeinsamen Frauen, und die Kinder wurden dem Manne zugezählt, welcher die Mutter zuerst als Jungfrau gekannt. Daß in Britannien im allgemeinen die Polygamie bestand, geht aus der Geschichte hervor. Es war Kaiser Adrian, welcher während seiner Anwesenheit daselbst das Band der Ehe heiliger zu machen suchte und durch ein öffentliches Edikt die daselbst allgemein vorherrschende Polygamie abschaffte.

Im kontinentalen Gallien zeigen sich übrigens keine Spuren obiger Sitten der britischen Kelten. Obwohl, nach Cäsar, der Familienchef das Recht über Leben und Tod seiner Frau hatte, so beschränkte sich diese Gewalt wohl nur auf gewisse Verbrechen, deren Bestrafung man dem Familientribunal überließ, denn andere Gebräuche, welche derselbe Historiker anführt, sind mit der Erniedrigung oder Sklaverei der Frau unvereinbar. So z. B. gaben die Eltern der Tochter eine Mitgift; und der Gatte war verpflichtet, damit eine gleiche Wertsache zu verbinden, das Ganze wurde von beiden gemeinschaftlich verwaltet. Der Gatte konnte weder die Stammgift noch selbst den Ertrag, der davon herstammte, veräußern. Stamm- und akkumulierte Erträgnisse gehörten dem Überlebenden, Frau oder Mann. Man kaufte demnach die Frau nicht in Gallien, man verband sich mit ihr, und ihre freie Persönlichkeit zeigt sich in ihrem Eigentumsrecht. Die Geschichtsschreiber führen sie auch an als stolze Wesen, ergebene Gattinnen, gute Erzieherinnen, ihren Gatten an Seelenstärke gleich, denen sie würdige Nachkommen erziehen.

„Ehe die Gallier (Κελτοι) über die Alpen zogen, um den Teil Italiens zu erobern, den sie jetzt bewohnen" — sagt Plutarch — „waren sie unter sich durch große Zwietracht geteilt, und im Bürgerkrieg. Da zogen die Frauen zwischen die feindlichen Haufen, bereit sich anzufallen, und untersuchten die Ursachen des Streites und urteilten mit solcher Gewandtheit und Gerechtigkeit, daß sich im ganzen Volke und in jeder Familie eine bewunderungswürdige Eintracht wiederherstellte. Aus diesem Grunde bewahrten die Gallier von da an die Sitte ihre Frauen über Krieg und Frieden zu beraten, und sie zu verwenden, um ihre Streitigkeiten mit ihren Verbündeten zu legen". Dies that in der That Brenn (Brennus der Hauptanführer der Gallier im Jahre 279 und 280 vor Christus), und bei allen seinen Expeditionen berief er Männer und Frauen, unter anderem bei seiner Vorbereitung des macedonischen Krieges.

Neuntes Kapitel.

Schlußwort.

Der Zweck vorhergehender Arbeit ist, von der Stellung der Frau im Altertum eine historische Skizze zu entwerfen, ohne mich in die nähere religiöse oder juristische Erörterung der Frage einzulassen. Ich versuchte ein Bild von der Stellung der Frau in Ägypten, Palästina, Griechenland, Rom, Indien, dem alten Germanien und Gallien zu entwerfen, zu zeigen, wie im alten Ägypten die Frau die höchste, eine dem Gemahl nahezu ebenbürtige Stellung einnahm, wie die von der Religion oder dem Gesetze sanktionierte Polygamie die Frau zur Magd degradierte, wie die durch das Christentum anbefohlene Monogamie sie zwar dem Manne untergeordnet, aber zu seiner einzigen, lange Zeit untrennbaren Lebensgefährtin gemacht und ihre soziale Stellung dadurch gehoben hat. Ich habe angedeutet, welchen großen Einfluß auf die Stellung der Frau im modernen Staate die alten Germanen geübt, daß von ihnen das Rittertum mit dem Frauenkultus des Mittelalters ausgegangen, wie die Frau unter ihnen zwar auch dem Manne untergeordnet war, in dem einen Stamme mehr, im andern weniger, wie aber diese Unterordnung durch eine hohe Verehrung der Frau gemildert war.

In den Staaten des Altertums war, wie ich angedeutet, die Ehe ein Privatvertrag, ein Civilakt und kein religiöser Akt, wenn auch die Religion zur Feier beigezogen wurde. Als Civilvertrag mußte daher die Ehe lösbar sein. Erst im zweiten Jahrtausend des Christentums wurde die Ehe zu einem Sakramente, zu einem mit den Dogmen der Kirche verbundenen Akte erhoben. In dem ersten Jahrhunderte bestand in der christlich-lateinischen Kirche die religiöse Ehe noch nicht. Erst am Anfang des zweiten Jahrhunderts, unter Sankt Sotor, wurde sie teilweise eingeführt. Aber obligatorisch wurde sie erst im zehnten Jahrhundert nach Christus. Im Jahre 866 schrieb Papst Nikolaus I. an die Bulgaren, daß der Brauch der römischen Kirche der wäre, daß, nach dem Verlöbnis und dem Kontrakt, die beiden Seiten der Kirche ihre Gaben durch die Hände des Priesters darböten, und die eheliche Segnung mit dem Schleier dafür erhielten, daß aber diese Zeremonien nicht rigorös nötig seien. Die Kirche erhob die Ehe zum Sakrament und die kirchliche Einsegnung zu Gebot und Pflicht, gerade wie Beichte, Priestercölibat und andere Vorschriften zum Zwecke der Stärkung der kirchlichen Macht. Der Mensch sollte weder in die Welt treten, heiraten noch sterben und in die kühle Erde gebettet werden ohne die Kirche. Erst später also wurden die Ehen im Himmel geschlossen und unlösbar. Nur der Papst konnte das himmlische Bündnis lösen und er löste noch in diesem Jahrhundert die Ehe des ersten Napoleons und der Kaiserin Josephine, sowie die seines Bruders Jérome und seiner amerikanischen Frau Patterson. Aber der Staat übte weder während der Allgemeinherrschaft der katholischen Kirche noch vorher irgend eine Kontrole über die Eheschließung aus.

Es ist übrigens nicht zu leugnen, daß die Erhebung der Ehe im Christentum zum religiösen Bündnis, daß die Heiligkeit der Ehe die Stellung der Frau hob und verbesserte. Allerdings machte sie das Christentum, nach vom

Judentum vererbten Ansichten, in ihrem Gelöbnis dem Manne unterthan, aber im edleren Sinne, nicht wie bei Juden, als Sklavin, die nach dem Willen des Mannes verstoßen werden konnte, sondern als eine auf Lebzeiten an ihn gekettete einzige Lebensgefährtin. So haben die Erhebung der Ehe zum Sakramente, ihre Unlösbarkeit und die Gestattung nur einer einzigen Frau nicht wenig zur Hebung der sozialen Stellung der Frau beigetragen.

Zur Zeit der Kirchenreformation trat in den protestantischen Ländern eine Änderung in der Lehre über die Ehe ein. Allerdings fuhr die Ehe fort ihren religiösen Charakter zu behalten. Während aber in der katholischen Kirche der Segen des Priesters der Ehe ihre Giltigkeit verlieh, so betrachteten die meisten protestantischen Kirchen oder Sekten dieselbe von einem andern Gesichtspunkte und nicht mehr als Sakrament. Nach ihnen ist der Ehesegen nur eine religiöse Zeremonie, die nicht absolut nötig ist zur Giltigkeit der Ehe, wie z. B. in Schottland, wo Laien sowohl als Geistliche eine Ehe einsegnen können, wo selbst eine einfache feierliche Erklärung vonseiten des Bräutigams genügt. In anderwärtigen protestantischen Sekten wie u. a. in der „Gesellschaft der Freunde" (Quakers) gilt dasselbe. Hier dient die religiöse Zeremonie vielmehr die Ehe zu konstatieren. Ihre Essenz besteht in dem beiderseitigen Treuegelöbnis; und sobald dieses gegenseitige Versprechen wohl konstatiert ist, so ist die Heirat rechtsgiltig. Indem die reformierten Kirchen das Sakrament der Ehe aufgaben, mußten sie auch die Unauflöslichkeit derselben fallen lassen. Die Ehe wurde daher lösbar, mehr oder weniger schwer löslich, in den verschiedenen protestantischen Ländern.

Noch in einem andern Punkte trat bezüglich der Eheschließung zur Zeit der Kirchenreform eine Änderung ein. Die protestantische Religion nämlich verlangt unter gewissen Bedingungen die Zustimmung der Eltern zur Ehe, während die katholische sie für unnötig hält, und sich selbst an die Stelle der Eltern setzt. Im katholischen Frankreich und anderen Staaten verlangt allerdings das bürgerliche Recht ebenfalls solche Zustimmung und bestraft die Zuwiderhandelnden. Das katholische Recht aber verlangt solche Zustimmung nicht nur nicht, ja es verwirft sie, besonders in Fällen von Konvertiten oder gemischten Ehen. Gregor IX. legt in seinen Dekretalien zuerst als Grundsatz nieder, daß die Zustimmung des Vaters auf die Giltigkeit der Ehe keinen Einfluß habe. Die kirchlichen Gerichtshöfe handelten nach diesem Grundsatze, welcher durch das Konzil von Trident (Sex. 24, Kap. I.) konsakriert wurde. In manchen katholischen Ländern, wo der Konzilbeschluß publiziert wurde, beobachtete man ihn zwar, man gebrauchte jedoch die ohne Zustimmung der Eltern geschlossenen Ehen als einen Grund der Enterbung und man bestrafte sie selbst mit korrektionellen Strafen.

Die permanente Umwandlung der Ehe von einem kirchlichen zu einem staatlichen Akte ist eine Frucht der ersten französischen Revolution. Das sogenannte Barebone-Parlament vom Jahre 1653 hat unter Cromwell zuerst die Ehe für einen ausschließlichen Civilkontrakt erklärt, der in Zukunft in Privatzimmern vor einem Magistrate anstatt in Kirchen einzugehen wäre. Von allen Beschlüssen dieses Parlamentes gab Cromwell nur obigem Beschlusse sein Exequatur. Mit ihm fiel auch dieses Gesetz. Es ist indes merkwürdig, daß religiöse Intoleranz die reine Civilehe, ohne kirchliche Einsegnung, in Frankreich schon hundert Jahre vor der Revolution temporär eingeführt hat und zwar im Jahre 1685 durch den allerchristlichsten Louis XIV., dem sogenannten „ältesten Sohne der Kirche". Das Edikt vom Januar 1561 erkannte den Protestanten das Recht priesterlicher Einsegnung der Ehe durch Priester ihres Kultus zu. Dieses Recht ward ihnen aber wieder genommen. Ein Befehl des Ministerrathes vom 5. September 1685.

der nur einen Monat dem berüchtigten Edikt voranging, durch welches das Edikt von Nantes widerrufen wurde, schrieb vor, daß die Ehen der Protestanten vor dem höchsten Justizbeamten des Ortes geschlossen werden müßten, und nur an gewissen Tagen, welche durch den Intendanten bestimmt werden würden. Hier finden wir ein unter der Herrschaft der katholischen Kirche gegebenes Gesetz, das den Protestanten die Civilehe gebietet und ihnen die religiöse verbietet. So eröffnete die katholische Kirche in Frankreich selbst den Pfad zu einer späteren Abschaffung der kirchlichen Ehe, gegen die sie heute so sehr protestiert!

Die französische Revolution machte die Ehe zu einem bürgerlichen Akte — aber verschieden von der Ehe des Altertums, — nicht zu einem Privatakt, sondern zu einem öffentlichen obligatorischen unter Kontrole und mit Sanktion des Staates. Mit der Einführung der obligatorischen Civilehe hatte die französische Republik einen politischen Zweck im Auge, nämlich die Emanzipation der Geister von der Priesterhierarchie und die Stärkung des Staates.

Napoleon I. behielt in seinem Codex das Ehegesetz der Republik bei. Nach diesem Gesetze war die Zivilehe auflösbar. Aber nach seinem Sturze und der Rückkehr der Bourbonen wollte man die Civilehe, die man nicht mehr abschaffen konnte, da sonst Hunderttausende von Ehen ungiltig geworden wären, in Einklang mit den christlich-katholischen Dogmen bringen. Man erklärte sie, wie die kirchliche, für untrennbar. Untrennbar blieb sie in Frankreich bis vor kurzem. In andern Ländern, in denen der unveränderte Code Napoléon fortbestand, wie in Belgien, hatte bis heute die Civilehe den Charakter der Trennbarkeit bewahrt.

In England (mit Wales) trat im Jahre 1837 eine

neue Parlamentsakte in Kraft, nach der eine Civilregistration von Ehen, Geburten und Todesfällen eingeführt wurde. So entstand daselbst die Civilehe vor einem besonders bestimmten Beamten, genannt Registrar. Eine solche Civilehe ist in England aber nicht obligatorisch, sondern freiwillig. Da Geistliche der verschiedenen Kirchen und Sekten, nebst dem Registrar, ebenfalls bevollmächtigt sind Ehen einzusegnen und zu registrieren, so werden in diesem Lande die Eheschließungen entweder nur vor dem Registrar oder vor dem Geistlichen, nie aber vor beiden vorgenommen. Obwohl rechtsgiltig, wird der Eheschluß vor dem Registrar von den höheren und selbst mittleren Klassen verachtet und die kirchliche Ehe ist daher die bei weitem vorherrschende.

Deutschland hat, ähnlich wie Frankreich, die obligatorische Civilehe vor einem Standesbeamten eingeführt und die kirchliche Ehe zur freiwilligen gemacht. Da aber in Deutschland die Civilehe die kirchliche nicht ausschließt, so geht sie in den meisten Fällen der letzteren voran.

Mit der Civilehe steht in enger Verbindung die Lösbarkeit der Ehe. Im ganzen Altertum war, wie ich gezeigt habe, die Ehe ein Civilkontrakt und daher lösbar. In dem ersten Jahrtausend des Christentums hatte sie noch denselben Charakter. Absolut unlösbar wurde die Ehe zur Zeit, als die römische Kirche ihre volle Macht entfaltete. Nur das Kirchenoberhaupt besaß das Recht der Auflösung. Die Tendenz moderner Zeiten ist offenbar die Trennung der Ehe zu ermöglichen. Mit dieser Tendenz geht aber noch eine andere Hand in Hand, die Hebung der Frau im Staate und in der Gesellschaft. Und gerade letztere Tendenz wird die moderne Civilehe vor den Gefahren der Ehe des Altertums bewahren, wo die Frau auf Privatwegen vom Gatten repudiiert und verstoßen werden konnte. Heute kann eine solche Trennung nur der Staat aussprechen und die Frau nimmt vor dem Gesetze eine andere Stellung ein als ehedem.

Es ist über die moralischen Folgen der Lösbarkeit der Ehe viel und eifrig gestritten worden. In England, als das letzte umfassendere Divorce-Gesetz vor dem englischen Parlamente debattiert wurde, stiegen die Wogen der Diskussion sehr hoch und selbst, nachdem das Gesetz vom Parlamente angenommen war, weigerten sich und weigern sich heute noch viele der anglikanischen Priester eine Ehe mit einem getrennten Mann oder einer Frau einzusegnen. Auch in Frankreich beburfte es einer langen und eifrigen Agitation, wiederholt vergebliche Versuche um Kammer und Senat dazu zu bringen die Lösbarkeit der Ehe, wie sie der Codex bis 1816 zugelassen, wieder einzuführen. Es ist hier der Ort nicht mich in diese Frage einzulassen. Ich bin nicht für zu leichte Lösbarkeit, welche die Ehe zum Ideal der Befürworter der freien Liebe machen würde. Ich bin aber überzeugt, daß die Unlösbarkeit der Ehe in manchen Fällen höchst nachteilig wirkt, daß das gezwungene Zusammenleben zweier, die sich hassen oder verachten für beide, sowie für die Kinder die allerschlimmsten Folgen haben muß. Es giebt Fälle, wo vom Standpunkt strengster Moral die Lösbarkeit bringend geboten ist.

In Frankreich — so berichtete das englische Blatt The World, Dez. 4 1878 in Bezugnahme auf eine Rede von Léon Renault in dem französischen Parlament — gab es bis vor kurzem keine Ehescheidung, sondern nur Trennung von Tisch und Bett. Von 1846 bis 1850 war daselbst die Durchschnittszahl solcher Trennungen 1080 per Jahr. Diese vermehrten sich graduell bis zum Jahre 1876, in welchem ihre Zahl 3251 betrug. Nur 14 von je 100 Trennungen wurden vom Gatten verlangt, aber 86 von der Frau. Von der Gesamtzahl warteten 17 nicht bis die ersten 12 Monate vorüber waren, um sich wieder zu trennen. Von den 3000 lebten ein Drittel von 5 bis 10 Jahre zusammen, und ein anders Drittel von 10 bis 20 Jahren ehe sie um Trennung nachsuchten, und etwas über 500 wollten sich erst trennen als sie der silbernen Hochzeit nahe waren. Zwischen 1846 und 1876 suchten 60 848 Paare Ehetrennung. Dazu sind aber wenigstens 100 000 andere Individuen zu rechnen, die sich in derselben Periode mit gegenseitigem Übereinkommen trennten. In Frankreich gab es vor Einführung der vollkommenen Scheidung 90 Trennungen auf je 10 000 Ehen, während in anderen Ländern die Scheidungen und Trennungen nicht 50 auf 10 000 Ehen betrugen.

Napoleon drückte sich als erster Konsul folgendermaßen über die Ehe aus: „Die Ehe ist in diesem Sinne unlösbar, daß zur Zeit, wenn sie geschlossen wird, jeder der kontrahierenden Teile die feste Absicht haben sollte, den Kontrakt nie zu brechen und man sollte weder die zufälligen noch zuweilen schuldigen Ursachen im Auge haben, welche in einer späteren Periode die Auflösung der Ehe nötig machen sollten. Aber daß die Unlösbarkeit der Ehe in jedwedem Falle einer Modifikation unfähig sein sollte, dies ist eine Theorie, welcher die Maximen und Beispiele aller Zeiten widersprechen. Es liegt nicht in der Natur der Dinge, daß zwei besonders organisierte Wesen je vollständig identisch werden sollten. Der Gesetzgeber sollte daher die Folgen voraussehen, welche die Natur der Dinge mit sich führen könnte. Daher wurde die Fiktion der Identität beider kontrahierender Teile stets modifiziert. Sie wurde von der katholischen Religion selbst in gewissen Fällen modifiziert; sie wurde überall durch Ehescheidung modifiziert". Jahrhunderte vor Bonaparte, sagte Montaigne, daß „je fester man das Band der Ehe zöge, indem man alle Mittel der Scheidung hinwegnehme, desto mehr man das Band des Wohlwollens und der Liebe lockere".

„Divorce" — sagte Naquet, dem die Durchführung des Divorce-Gesetzes in Frankreich zu verdanken ist, am 8. Febr. 1881 —, „ist eine moralische Maßregel. Es ist ein Sicherheitsventil, welches die Existenz der Ehe sichert und sie konsolidiert. Es ist nicht richtig, wenn man sagt, daß Divorce die Frau bedroht. Die Statistik zeigt, daß von demselben Alter mehr getrennte Frauen als ledige sich verheirateten. In Ländern, wo Divorce besteht, steht die öffentliche Moral höher als in Frankreich. Was die Kinder betrifft, so würde ihre Lage durch Divorce weniger unerträglich gemacht als durch Trennung. Die Zahl zweiter Ehe würde die Zahl verlassener Kinder vermindern. Wenn eine zweite Ehe ein Unglück für die Kinder der ersten Ehe wäre, warum dürfen Witwen heiraten, aber nicht gesetzlich geschiedene Personen? Die Maßregel verwundet zudem das religiöse Gefühl nicht im mindesten, denn eine Person, obgleich gesetzlich geschieden, braucht nicht wieder zu heiraten, wenn solches ihrem Gewissen zuwiederliefe."

In den meisten Ländern, in welchen Divorce-Gesetze in Kraft sind, besteht jedoch keine völlige Gleichstellung der Frau mit dem Manne im Falle von Scheidung. Das Gesetz ist nachsichtiger gegen den Mann, strenger gegen die Frau. Und doch, wenn die Ehe ein Kontrakt sein soll, müßten beide Seiten nicht nur dieselben Pflichten, sondern dieselben Rechte der Annullierung des Kontraktes haben. Wenn zwei Eheleute, die, ohne ihr Gelübde zu brechen, mit einander nicht leben können, sich trennen, so ist dies ein gegen die Moral weniger verstoßender Akt, als wenn sie gezwungen sind zusammenzuleben und ein skandalöses Leben führen, zu ihrem eigenen und ihrer Kinder moralischem Ruin. Solche Kinder sind viel besser aufgehoben in fremden Händen als in denen verkommener, gefallener Eltern.

In vorhergehender Abhandlung ist mehr die Stellung der Frau in der Ehe behandelt worden, da gerade durch diese ihre Stellung in der Gesellschaft bedingt ist. Die Unterordnung der Frau in der Ehe hat schon manche unabhängige Geister unter den Frauen von der Ehe zurückgeschreckt.

Obwohl diese Abhandlung der Frau im Altertum gilt, so kann ich mich nicht enthalten, vor Schluß noch einige Worte über die heutigen Aspirationen der Frau zu sagen. Diese Aspirationen der Frau scheiden sich in zwei Teile, von denen der eine sich auf Erziehung, der andere auf politische Rechte bezieht. Beide Richtungen sind aber scharf auseinanderzuhalten, da viele Frauen und Männer, welche eine vollständige Gleichstellung der Geschlechter in Erziehung, in Berufsfächern erstreben, von einer politischen Gleichstellung nichts wissen wollen. „Demnach" — sagt Gladstone — „als das Christentum für die Frau keine soziale Identität, aber eine soziale Gleichheit, keine Rivalität mit den Funktionen des Mannes, aber eine Erhebung derselben in ihren eigenen Funktionen, eben so hoch als die seinen, anbahnte, machte es die Welt und das menschliche Leben in dieser Hinsicht zum wahren Bild der Gottheit. Innerhalb der Sphäre dieser Civilisation, welche unter dem vereinten Einflusse der christlichen Religion und der teutonischen Sitten sich herangebildet, finden wir die Idee von der Frau und ihrer sozialen Stellung zu einer größeren Höhe erhoben als in den Gedichten Homers."

Während einer politischen Gleichstellung der Frau mit dem Mann die Maxime ihr sonst wohlwollender entgegengehalten wird: „Gleiche Rechte, gleiche Pflichten", so stimmen sie darin überein, daß auf dem Gebiete des Rechtes und der Erziehung eine völlige Gleichstellung wünschenswert sei, daß der Frau die gelehrten Berufsfächer zugänglich sein sollten. Die Frau wird in ihrer Mehrheit immer auf häusliche Arbeiten angewiesen sein, der Mann auf das äußere Leben. Dies schließt aber ihre höhere Ausbildung nicht aus. Im Gegenteil, sie macht sie zur würdigern Gefährtin des Mannes, zur bessern Erzieherin der Kinder. Die Frau aber, die einen höheren Beruf in sich fühlt, als häusliche Arbeiten und Kindererziehung, die mit außerordentlichen Talenten begabt ist, soll sie ohne Nutzen für die menschliche Gesellschaft leben und sterben? Soll die Natur unfruchtbare Talente produzieren? Wer wagt es zu leugnen, daß in jedem Lande Frauen leben, welche der großen Masse der männlichen Bevölkerung geistig weit überlegen sind? Eine richtige Organisation sollte aber alle Kräfte eines Staates zu dessen Vorteil in Bewegung setzen.

Wo die Frau tief steht, da steht das Volk tief in der Civilisation. Der erste und wichtigste Unterricht ist der der Mutter. Dieser haftet am Kinde, am Manne, ja am Greise, begleitet den Menschen von der Wiege zur Bahre. Die Mutter drückt dem Kinde, das weich wie Wachs, ihren eigenen sittlichen Charakter auf. So wie sie, so die Kinder. Damit aber die Mutter den Kindern eine gute, gesunde Erziehung des Herzens und Geistes gebe, muß sie selbst darin eine gründliche Erziehung genossen haben. Wäre solches allgemein der Fall, wie viel höher wäre bis jetzt die Menschheit gestiegen, welche Erbstücke alter Barbarei hätte sie längst schon abgelegt!

Wer wagt es zu leugnen, daß die Frau moralisch und geistig eine erstaunliche Höhe erreichen kann? Die Geschichte aller Völker liefert uns zahlreiche Beweise dafür, sie führt uns viele große Männer als die Söhne großer Mütter auf. Die eigentümliche Organisation der Frau befähigt sie zu einer zugleich geistigen und liebevollen, humanisierenden Thätigkeit, die dem mehr egoistischen, schroffen Manne meist abgeht. Die Frau ist besonders geschaffen Böses zu wehren, Gutes zu fördern. Dieser vermittelnden Wirksamkeit volle Entwicklung zu geben, zum Besten der Menschheit, ist eine der großen Aufgaben unserer Zeit.

Quellenangabe.

In den Kapiteln über die Frau in Ägypten, Griechenland und Rom wurden benutzt u. a. folgende Autoren:

J. Baissac: »La Femme et la Société«.

Diese Arbeit erschien als Feuilleton im Pariser Journal von Emil de Girardin »La Presse« im Jahre 1855 und behandelte die Frau im modernen Staate sowohl als im Altertum.

Berlier;
St. Agnen Chasles;
A. Guillemaub;
Montesquieu;
Ortolan;
Leon Renier;
Lady Morgan in »Woman and her Master«.

In den Kapiteln über die Völker des Orients und besonders über die Hebräer wurden benutzt folgende Autoren:

De Pastoret: »Histoire de la Legislation«.

Lady Morgan: »Woman and her Master«.

Selden: »Uxor Hebraica« (John Selden, berühmter englischer Gelehrter und Jurist, genannt: »The great dictator of learning of the English nation«, gest. 1654. Der berühmte Grotius nennt ihn den „Ruhm des englischen Volkes").

Dean Milman: »History of the Jews«.

Michaelis. Artikel: »On the State of the Jews of Poland« in »British and Foreign Review«. Nr. X. Oct. 1837.

J. Baissac, l. c.

Ludwig Fulb.

Über die Germanen wurden benutzt:

Montesquieu; — J. Baissac l. c. — Grimm. Deutsche Mythologie.

Über die Gallier wurde benutzt:

Henri Martin: »La Gaule. Trois Siècles avant Jésus-Christ«. Artikel in »L'Homme« ein französisches Blatt, herausgegeben von französischen Exilierten auf der englischen Kanalinsel Jersey in den fünfziger Jahren.

Von demselben Verfasser sind u. a. folgende Schriften erschienen:

Exercises in the Art of Thinking. 1860.

Theory and Practice of Teaching Modern Languages in Schools. 1863.

First Help in Accidents. 1864.

Relation of the Natural Sciences to the Totality of the Sciences (Helmholtz). 1869.

The State and Education. 1870. 2. Aufl. 1884.

The Systematic Training of the Body. 1878.

Seeing and Thinking. 1883.

Gesundheitsdienst in Krieg und Frieden. 1868.

Todes- und Freiheitsstrafe in England. 1869.

Geschichte der Deutschen in England. 1885.

Shakespeare, der Autor seiner Dramen. 1889.

Die Juden in England. 1890.

Deutschland vor 100 Jahren. 1892.

Die höhere Frauenbildung in Großbritannien. 1894.